시꽃 물들다

김영자 시집

시와사람

김영자 시집

시꽃 물들다

2025년 6월 20일 인쇄
2025년 6월 25일 발행

지은이 | 김 영 자
펴낸이 | 강 경 호
발행처 | 도서출판 시와사람
등 록 | 1994년 6월 10일 제 05-01-0155호
주 소 | 광주시 동구 양림로119번길 21-1(학동)
전 화 | (062)224-5319
E-mail | jcapoet@hanmail.net

ISBN 978-89-5665-778-3 03810

값 15,000원

· 잘못된 책은 구입하신 서점에서 바꾸어 드립니다.

공급처 ■ 한국출판협동조합
경기도 파주시 적성면 적성산단3로 10 (적성일반산업단지 내)
주문전화 (02)716-5616, 070-7119-1740

시꽃 물들다

ⓒ 김영자, 2025
이 책의 저작권은 저자에게 있습니다.
저작권에 의해 보호를 받는 저작물이므로
출판사와 저자의 허락 없이 무단 전재와 복제를 금합니다.

작가의 말

살아간다는 것은 참으로 아름다운 일입니다.
내면 깊이
돌고 돌아 지금 여기 문득 서고 보니
이와 같이 충만하고 아름다운 세상
지금 이 자리가 꽃자리였음을 뒤늦게 깨닫습니다.

자연 안에 깃든 신성을 벗삼아
더이상 헤매일 것 없는
내 안의 나를 만나
깊이 잠든 시심을 깨우며
아름다이 남은 생을 갈무리하고 싶습니다.

2025년 6월,
저자 김영자

축시

김영자 시인

박덕은

희망과 무지개가 눈뜨는 방식으로
깊은 전설이 모여 만든
호수 안쪽에 자리잡은
백조들의 투명한 놀이터

바람의 말씀 받들고 숭배한다는
거기 굽이진 소나무 아래
가녀린 숨결의 대화들이
해종일 오순도순 달싹였다

두려움 없는 맨발의 자세로 나아가며
굳센 의지의 칼바람
너른 시야의 지도력

두 손에 움켜쥐고 청춘 불사르다

아늑한 눈길로 평안의 숲
낭만의 오솔길 거닐다가
그늘까지 온몸이 다정한 풍경 물어나르는
새소리 가득한 보금자리 틀었다

한동안 신앙생활과 봉사활동
하늘의 뜻에 맡기고 살다가
깊은 사랑의 향기 품에 안았다

예측할 수 없는 변수들이 산다는
일상으로 잠시 들어가
집안일과 자식일 돌보다가
다시 돌아와 잡은 시심의 붓

굶주린 생의 덫이 잠복해 있는
눈보라 비바람 뚫고 나아가
버선발로 맞이한 창작의 산실
그 속의 하얀 깃발 붙잡고 섰다

살아 보지 못한 계절이 혀끝에 씹혀도
다시는 후회하지 않을
감성의 전율 그 파노라마
그 떨림을 온전히 맞이하기 위해

더이상 슬픈 노래의 껍질
벗기다 벗기다 울지 않기 위해
오늘도 마음 다잡고 기도하고 있다.

시꽃 물들다 / 차례

작가의 말 · 7
축시/ 박덕은 · 8

제1부

3월 바람꽃	20
모란	22
봄빛	24
4월의 노래	26
백목련	28
홍매화	30
진달래	31
찔레꽃	32
어느 봄날	34
4월 등꽃	36
벚꽃	38

40 4월, 꽃 진 자리
42 봄밤
44 민들레
46 오월
48 오월의 노래
52 봄나들이
54 꽃잔치
56 오월의 시
58 봄 길목

제2부

60 어느 유월 음악회
62 버드나무
64 느티나무 · 1
66 느티나무 · 2
67 가을
68 담쟁이넝쿨
70 맨드라미

장미 넝쿨	72
6월의 장미	74
해바라기	76
장맛비	78
가을 속으로	80
나팔꽃	82
7월 산책길	84
초가을	86
단풍숲	88
억새	90
늦가을	92
시월의 어느 멋진 날	94
가을이 오는 선물	96
옥수수 · 1	98
옥수수 · 2	100
꽃무릇	101

제3부

- 104 새해 아침에
- 106 설날
- 107 호수와 목련
- 108 겨울 빈 숲에는
- 110 그 겨울 파편 속에서
- 112 펑펑 눈 내리는 날
- 114 눈 오는 강둑에서
- 116 그 겨울 끝자락
- 118 독감
- 120 등대 · 1
- 122 등대 · 2
- 124 등대 · 3
- 127 그리움
- 128 이준 열사
- 130 노무현
- 132 치과에서
- 134 화실
- 136 꽃차 마시며

복숭아　138
그날이 오면　140
윷놀이　142
모산 품자락　144
허공에 핀 꽃　146
그대에게 가는 길　148

제4부

목포 대교　152
여수 요양 병원　154
완도숲　156
시꽃 물들다　157
촛불 행진　158
나와 강아지　160
허공에 젖지 않는 새　162
영랑생가　164
하나되는 봄날, 딸에게　166
달려간다　169

170 추억의 양동시장
172 계절의 길목에서
174 제암산 휴양림에서
176 가을 피정
178 앙암 바위에 두고 온 시간
180 가야산 마을에는
182 이끼

186 평설/ 박덕은

시꽃 물들다

제1부

너를 닮아
푸르디푸른 이파리 같은
시의 집 지으리

3월 바람꽃

견디고 온 봄
비단숲길 계곡엔 하늘 풀어져
은사시나무에 눈발 날리고 있다

추위 잊은 매화는
겨우내 시린 상처 품을
햇살 한조금 없이
자라던 고고한 잎맥
더 이상 나신 가릴 곳 없어
커튼 열고
청보라 속삭임의 물결처럼
청정하게 피워낸다

누렇게 뜬 갈대 끝
흔적 삼키는 흉계
손톱만 한 지우개로 양심 뭉개고
위선 들끓는 열탕 속

비굴한 몸짓 거부하고
거리마다 어둠 박차고
아우성 풀어 마신다

수천년 지나도
고매한 결기
버들피리 꺾어 불던
잠들 수 없는 바람 노래

서로 다른 길과 빛 찾는 염원
3월의 강가에는
눈부신 설원
그 순백의 하늘 열리고 있다.

모란

오는 듯 가 버리는 봄날
창가에 요염한 자태 뽐내며
고요히 꽃잎 펼친다

모서리 없는 향기처럼
아침 수건을 망각이라 부르며
함박웃음으로 너울 너울

고독이 눈빛으로 흘러
누군가의 사랑 애타게 기다리다
포효하는 치맛자락 쓸어안고
둥글게 녹아 내린다

수줍은 옹알이 문턱 넘고
꽃입술의 결백 물기로만 남아
더 고요 깊은 곳
별처럼 아슬히 푸른 울음소리

핏빛 노을 속으로 걸어가는
그리움 잉태하고도
더 이상 절규하지 않아

홀연히 춤추다 지는
저 황홀한 절망의 꽃.

봄빛

눈뜨면
아침 창가
어둠의 휘장 찢어 버리고

얼어붙은 땅 아래
고요의 온도 높이면
새순 돋아나
꽃잎 달구는 시간

꽃샘추위의 질투는
사랑에 빠진 상흔
치유한다

매화향 실어나른 햇살춤
연인 되어
길고 긴 기다림
애끓은 시련 견디어내고

얼어붙은 빙산 절벽
척박한 곳에서도 한조금 뿌리내려
그리움 움틀 때

마침내 봄이 찾아와
깊은 하늘 향해 별빛 부르며
세상 어느 곳에 가 닿을 때

너를 닮아
푸르디푸른 이파리 같은
시의 집 지으리.

4월의 노래

봄의 변주곡이
새벽 흔들어 깨운다

연둣빛 숨비 소리에
은방울 되어 맺히는
영혼의 맑은 샘물

비상하는 바람 날개짓
시리도록 하얀 꽃입술 미소에
어제 지우고
설렘 풀어헤친다

녹아드는 그리움 눈빛
눈부신 봄빛에 한 잎 한 잎
흐느끼는 몸짓에
스르륵 피어나는 언약

파스텔 색상보다 더 고운

저 구름진 노을 바다
지천으로 흩날리는 날

초록 싹 틔우기 위하여
은밀한 문장 펄펄 끓이는
결코 짧지 않은 불면의 봄밤.

백목련

꽃샘 여물어
바람 덫에 갇힌
쪽빛 하늘

흐드러지게 벙그는
치마폭 갈피엔
탄성 감아 올려
눈꽃보다 더 시린 눈시울
초연히 피어올라
하얀 미소 여민다

침묵의 발효는
순백의 그리움
허공 밟고 올라
저리 낮달보다
텅 빈 충만

설화 같이 기약 없는

기다림
찬란한 슬픔으로
일렁 일렁

붉디붉은 노을녘
늘 하루같이
목마름 안고
영혼 적시는 꽃날개

마주보는
물빛 외딴섬에서
깃발처럼 펄럭이고 있다.

홍매화

붉은 물감
설레 설레 찍어대니
꽃물 타올라
휘모리 장단으로 건너는
강나루 소리꽃.

진달래

설레임 열고 어디쯤 오시나요
수줍음으로 다소곳이 몸 낮추건만
연분홍 부푼 가슴
도무지 감출 수가 없네요.

찔레꽃

햇살 버무려
꽃빛 고이는 가슴

눈부시게 빛나는
적막 보듬고

계절 모퉁이에
무시로 불던 바람

응혈진 통점에
구멍 뚫린 옆구리

뼈 마디 마디
녹여내듯

알 수 없는 그리움
채색하는 시간

하얗게 피고 지는 꽃향기
무성한 초록 비밀 틈으로

새벽별 눈빛처럼
조금씩 열리는 산문

피멍울 맺힌
가시밭길

따스한 꽃잎 한 장 물들인
고독의 순간

햇살에 찔린 추억조차
유순해진다.

어느 봄날

도화꽃 지는데
새들이 운다

님에게로 이르는
나만의 오솔길에서

하롱 하롱
분홍 꽃신 위로
꽃잎 한 장 물고 와

오랫동안
닫힌 문 앞에서
봄의 안부 묻는다

어쩌면
오지 않을 그 길목
그 눈빛은 나를 적시고

눈길 닿는 곳마다
피어오르는 꽃무덤
거기 노을빛 치마 두른
푸른 향연들

꽃빛 속에 흐르는
그리움
가슴에 묻은
천길 마음속

퍼덕이는 울림은
가녀린 침묵 되어
자꾸 낮은 자리로 흐른다.

4월 등꽃

젊음이
무시로 드나드는
찻잔 속
시간의 늪 깨우고 있다

윤기 난 모퉁이에
풀비린내 물컹한 초록바람
잘게 썰어
입과 혀 사이 유영하고

낮달처럼 하얀 페르소나
오가는 발자국들 줍고
낭만에 씻겨간 돌멩이
응시한다

투명한 별빛이
초롱 초롱
강바닥 모래알에 씻기면

초목의 새는
푸른 의지의 날갯짓으로
골짜기 누빈다

되돌릴 수 없는 세월
생각의 문 닫아 걸자

창문 사이로
주렁주렁 매달린 보랏빛 향내음
무언의 몸부림으로 물든다.

벚꽃

언 눈 뜬
길고 긴 기다림의 연서
풀어헤친 꽃샘바람

저리 환한 문장 하나 달고
푸르디푸른 하늘가에
매달려 있다

새록새록
제 몸 벗어 버리고
톡톡 튀는 꽃망울들

떨리는 가슴속에
새하얗게 돋아난 눈빛들

청보리밭 곁에서
꽃섶 여민 절정의 깃
점점 높아 가고 있다

활짝 열어 젖힌
꽃대궁 길
수런 수런

잘디잔 물비늘로
날 세우더니
시작도 끝도 없는
저 화사한 침묵의 강

그리움의 여백 안은 채
저 하늘 끝까지 달리고 있다.

4월, 꽃 진 자리

긴 염원 피워 물고
일어나 앉는다

검푸른 커튼 거두고
회전목마처럼 달려온 어깨 위로
쏟아진 눈시울이 붉디붉다

무릎과 무릎 사이로
쓰러졌다 다시 일어서는
수천의 노오란 음표들

몸 푸는 햇살 안고
차가운 여백 위로 아슴아슴 걷는다

그림자 밟고
겹겹이 숨어 있는 꽃잎들

보일 듯 말 듯

버리고 갈 수 없어
굽이 굽이 떨리는 발자욱

하얗게 타는 입술로
맴돌다 여는 아침.

봄밤

돌풍에 휘감기는 꽃샘바람
파리한 연둣빛 그늘 아래
기다림의 시간을 애무한다

서럽도록 투명한
여백의 창가에
꽃너울에 취한 사색은
향 짙은 가지 꺾어
돌돌 말아 세우고

아롱진 연민 송이는
회한의 발끝으로
홀로 떠나보낸다

가슴속 침묵은
향긋한 봄내음 담아
그리움 찻잔에 우려내고

황홀히 달려온
감성의 뜨락에
꽃비로 내리는
아릿한 음률 따라

바람같이 걷던
외로움이
추억 베고 누워
달빛 어루만진다.

민들레

수인산 기슭
고즈넉한 오솔길

차마
시려 바라볼 수 없는
하얀 꿈송이들

몽실 몽실 피어올라
눈웃음 짓는다

양털 같이 부드러운
숨결 말아 올려

좀더
가벼운 나래짓으로

좀더
낮은 빈자리로

이제는
서로의 키재기로

아픈 다리 쉬어 가며
마음 꺼풀조차 벗긴 자리

바람결에 줄줄이
오막손 한들한들

함박웃음꽃
지천으로 피어오른다.

오월

시린 서릿발 위 별빛 아래
홀로 걷는 가슴이여

얼음 속 화염 껴안고
쪼개던 언어의 날갯짓이여

숨어서 우는 바람처럼
떨어져 나간 세월이여

눈부신 빛으로 차오르는
순결하고 고운 입술이여

마주했던 이승의 가지 끝에서
오열하는 바다여

엎디어 시퍼런 칼을 갈다
어둠 풀어 멍든 가슴이여

참회의 눈물 흩뿌리다
붉디붉게 피어오른 장미여

홀연히 사라지는 초상 앞에
사로잡힌 불면의 밤이여

가슴에 찍혀 지울 수 없는
해맑은 꽃들의 웃음이여

초록 잎새마다 혼불 붙여
타오르는 맨발의 꽃이여.

오월의 노래

담벼락에 기대선
넝쿨장미들의 심장이
끙끙 앓고 있다

저 하늘 넘고 넘어
겹겹이 바람 갈피 속에
흰옷 입은 기침소리

누이야, 그날이 오면
지천으로 부서진
꽃잎의 음률들이
물그림자로 떠도는데

버스정류장엔
푸른 이파리 속 수줍은 깃발들이
속눈썹처럼 가시 눈 찌르고 있다

캄캄하게 얼어붙은

깊은 계곡
그 여울 건너

불덩이 가슴에 안고
새벽 여는 함성
여전히 아득하고

수줍은 것들은
죄다 붉어진
머플러 문향

지우개로 문질러
붉은 입술
자꾸 덧칠해도

누이야, 너의 몸은
지고지순한 순백의 비명
바람 앞의 촛불

푸른 하늘 저 너머에
철마의 핵을
가르고 있다

봄은 이리 더디 오지만
민들레 홀씨처럼
갈라진 굳은살에
언약은 피어나고

깨어진 망언
폭포수로 씻어내는
순도 높은 침묵의 소리

바위 뚫고
힘차게
솟아오르는 날

누이야,

그날의 댕기머리
아름드리 꽃으로
곧추세우고

백두에서 한라까지
신명나는 춤사위
그 푸른 나래짓으로
훨훨 날아올라라.

봄나들이

별빛 유영하는 새하얀 여명 속
봄빗장 풀고 나온 풋풋한 설렘

흔들리는 차창 밖 풍경 위에서
시리도록 출렁거린다

내밀한 가슴속에 피어나는
무늬진 독백

생채기 같은 잔기침으로
툭툭 발길질 하고 있다

시샘하는 잔꽃들
그 벙거진 행렬이 슴벅슴벅

갓 헹궈낸 햇살결에
조곤조곤 입맞춤한다

벼랑으로 달아난 상심의 바람
세월 덧입혀 촘촘이 꽃잎 틔우고

혹 같은 공허함 남긴 채
여태 깨어나지 않는 사랑

무명의 이름 하나 감춘 채
푸르름 쓸어담는 영혼의 향기

빈손 가득
들꽃의 그리움으로 깨어난다.

꽃잔치

풀잎처럼 흔들리는 잿빛 하늘 걷히고
숨차도록 몰고 온 춤사위

메마른 가지 위에
고인 잠 깨우며
물빛으로 씻긴 얼굴

산사의 길섶 그 고요로운 자태
눈이 시리도록 아프다

노오란 봄바람에
그리 그리워
목을 가늘게 뽑아 세웠나

노을에 지는 들녘 패랭이꽃도
별처럼 사랑하는 님을
그토록 찾고 있었나

벚꽃처럼 피어오르는
화사한 흩날림도

허허로운 날개 펴고
모든 것 놓고 가는 산새도
송이송이 푸른 미소 띄우고
지금은 그 어디쯤
가고 있는 걸까.

오월의 시

모란이 지고
꽃향기 만발하는 계절
초록비 무성한 바람길
푸르스름히 지핀다

제 모습대로
한 땀 한 땀 시침질하여
별꽃 무늬 조각보 펼치니

결 고운 마음들은
숨차오르는 환희의 빛으로
타오른다

환하게 켜둔 물의 입술
어스름 물빛에 발 담그고
잿빛 창공 고개 내미니

진초록 휘휘 늘어진 아카시아향
숲마루재 물 배인 추억 언덕에
쌍무지개 피어오른다.

봄 길목

우듬지의 연둣빛 바람
들썩이는 사색 밀어내자
결 고운 그리움 소롯이 앉는다

침묵으로 파닥이는 골마다
아스라이 꿈길 달래는
기다림의 긴 시간

차마 만질 수 없는
순백의 매화향
절절히 향기 토해내며

무늬진 가슴 돌돌 말아
목마름 기도하듯
시심 한 송이 활짝 피워낸다.

제2부

순백의 몸짓으로 시린 입김 토해내며
그윽한 달빛 품어 여울목 건너면서
하얗게 피었다 지는 천년 사랑 피우리

어느 유월 음악회

초록빛 싱그러움이
풀꽃 미소 밟고
시나브로 연회장에 몰려든다

은빛 설렘이 음표 날개를
살포시 감싸 안으면

연분홍 드레스가
검은 장막 속으로 나붓나붓
음률 타고 날아오른다

아련히 떠오르는 환상의 음향
줄줄이 목마름 허공에 띄워 놓고
지칠 줄 모르는 열정 솟구친다

별밤에 내려앉은 봉긋한 입술들처럼
멎을 듯 뛰는 심장 속으로
초여름의 향기 솔솔 깊어 가고

맨발의 훌라춤은 사뿐 사뿐 물결 타고
손끝의 연정 따라 출렁인다

굿거리 장단으로
천상의 화음 수놓아
그윽한 꽃향 피워내면

그리움도 숨죽인 채
여백의 세레나데 위로
가랑잎처럼 우수수 떨어지고 있다.

버드나무

저물녘
호숫가에 잠긴
물그림자

흔들리는 갈바람에
시퍼런 상념 한 무더기
고개 숙이고 있다

수백년 뿌리 깊게
안으로 울음 삭힌
풀물 내음

마른 갈꽃 한아름
옷깃 여미며
서 있다

줄기조차
소낙비에

머리칼 적신다

서글픈 눈빛 하늘거리다
맨발로 투신하는
별빛 그리움

목마름마저
긴 적막의 손톱 끝에
물들이고

비릿한 속살에
젖어든
흐릿한 달그림자

잔가지 흔들어대는
무수한 날갯짓으로
설렘향 부풀리고 있다.

느티나무·1

하늘 우러르다
아득한 풀빛 푸르름
머리 헤쳐 길게 눕는다

달빛 베개 삼아
천년쯤 잠들어도 좋을
고요를 깨우면

맨발의 고독
주워 담는
빈 숲 일렁이고

새벽에 날리는
솔씨처럼 꿈꾸는 날들
날 선 푸른 비늘 세운다

닿으면 부서질 듯
아무도 셀 수 없는

연둣빛 설레임

손톱 끝에 물들인
그리움 안고
등 굽은 추억 빠져나간다

춤추면서도
어릿어릿 물들지 않는
순례의 꿈

침묵 속에서
목 쉰 회한의
오열을 토하며

사랑으로 피어나는
시꽃
흐느끼고 있다.

느티나무·2

삭풍이 먼 길 떠나는 날
온 세상 하얗게 나폴나폴
상념의 나래 펴고 사박사박
그대 가시는 겨울숲
산모롱이 굽잇길 돌아서면
여린 가지 스칠 때마다
가슴속 바람 소리이런가.

가을

바람처럼 오는가
물결처럼 오는가

무수한 별빛
즈려밟고 오는가

그리움 미뤄 두고
눈물 골짜기 타고 오는가.

담쟁이넝쿨

지문이 닳도록
맨발로
혼자 걷는다

머문 그 자리가 편해도
굽히지 않고
밤마다 눈물 슬어가며

차츰 차츰
어둠 밀어 올리며
그리움 업고 새벽을 달린다

점점 멀어져 간
벽의 난간에
손바닥치는 서늘진 가슴

땡볕에 맑은 몸
까맣게 부서질까 봐

간질대는 바람

한 음절 쉼표로도
멈출 수 없는
숨찬 한 생의 끄트머리까지

먼 하늘
별빛 타고 온 목마름으로
기어오른 키 낮은 숨결

절절한
푸르디푸른
저 함성.

맨드라미

꽃그늘 말리는 시간
오랫동안
도회지의 수호신처럼
우뚝 솟은 한 생
설렘의 빗장 뜨겁게 타오른다

엇박자로 착시 효과 일으키는
보드레한 자줏빛 드레스
펄럭이는 순간마다
햇살 속으로 팔랑이는 나래짓

푸른 사유 넘치는 파장으로
벼슬이 뾰족이 열리는
비밀의 문

불붙으면 날아갈 것 같은
그리움 교차되는 별빛 행간들
휘돌아 발자욱 지워내는

해맑은 시간

정적의 그늘 내리면
은은히 켜지는 붉은 서녘 끝
선연히 그려지는
더 이상 잃을 것 없는 고뇌
황홀히 다시 춤춘다.

장미 넝쿨

오월 내려앉은 햇살
바람 손금 그어 대며
마른 뺨 어루만진다

핏빛보다 더 진한
가시에 찔린 심장
향기 대신 서늘히 접힌
꽃의 비명 소리

당신 손끝에 서린
붉은 설움 쏟아내고 있다

초록 텃밭에 뛰노는
오월 끝자락

바람은 잊히는 쪽으로
휘돌아
이별의 촉수 곤추선다

늘 곁에만 있는 줄 알았던
순수한 모순의 꽃

바람이 당신을 데려온 순간
당신만을 사랑했는데.

6월의 장미

가시덤불 살갗엔
타다 버린 검붉은 흑점 하나
그 빛 가까이
얼어붙은 빙점의 시간

사막의 신기루처럼
햇살 유혹 품어 웃자란
변주곡 출렁인다

얼어붙은 불면증
옹알이하듯 미간에 얼킨
뜨거운 그림자 태우며

눈먼 홍등 가시에 찔려
밀물처럼 덮치는
눈물샘의 영혼들

찬란한 햇살 세례로

흑암의 껍질 지우는
봄 흔적들

매혹의 걸음은
아직도 고요히
바람 속 길 묻는데

가만히 오는 발자욱 소리
보고픔 한 송이
피우고 있다.

해바라기

한적한 돌담길
고개 쑥 내민 물익은 입술
과녁을 핥고 있다

꽃처럼 살고파
별빛 같은 심장 빼곡이 채우며
가는 허리 근육 키워낸다

한낮에 꽃잠 시간
침묵 향해 덤벼드는
애꿎은 날파리 떼만
길어진 꼬리표처럼
하얀 고독 헹군다

둥글게 채운 금빛 하늘
은하수로 흘려보내
달빛 태운 꿈의 열정
일렁 일렁

오늘도
님바라기
맑은 눈빛의 온도 떨구며
깊은 묵상에 잠긴다.

장맛비

창가 비스듬히
책갈피에 꽂혀 있던 한나절

방울방울 내리 찍혀
추억의 화석 되고

쿵쿵 뛰는 가슴마다
불멸의 시심 일구는가

허공 위로 마음껏 붉어진
심장 가르며

구슬피 젖어
여린 속살로 파닥이다

여울물에 알싸한 향 날리며
쓰디쓴 목울음 토해낸다

기다림에 지친 한 문장이
폭우로 파르스름히 떨다가

그리움 품은 해 질 녘
맨발의 꽃잎으로 추락하고 있다.

가을 속으로

향 짙은 커피 찻잔에
초승달 눈빛의 온도 헹구며
순수 닮고 싶어
불필요한 것들과 이별한다

손끝에서 일구는
낮은 휘파람 소리

그리운 것들 그대로 접어 두고
갈대꽃 흔드는 적막
들녘의 낙엽은
비밀스레 구름 위 뒹군다

지나간 흔적 볼 수 없나
함께했던 날들
커다란 그리움으로 남아
천년을 살아도

추억의 탑은 몸 달구며
오동소리 내는 풀피리 되어

바다 한가운데 표류하는
파도의 물방울 되어
고래섬 반짝이는 물비늘 되어

흰 머리칼 쓰담고 매만지는
등짐 흰 노파의 그림자에 엎드려

버짐꽃 피는 어느 늦은 저녁
거울 앞에서 쓸쓸히 불러 보는
국화 향기 되어

황혼 문턱에 다다른
영원 닮는 갈꽃 되어.

나팔꽃

여명 건너온
반짝임으로

벙그는
붉은 가슴

망각 위에
줄기 휘감으며

흔들며 지나가는
떨림으로

빛살보다
더 맑고 고요하게

투명한
이슬 눈 뜬 채

허공으로
불씨 보듬고

맨발의 사랑
디디며 올라선다

사뿐사뿐
하늘 맞닿을 때까지.

7월 산책길

에움길 돌고 돌아
그대에게로 가는 길목

파르라니
에도는 향기 들이마시면

촉촉이 파닥이는 이파리들
포르릉 날갯짓하며 날아오른다

온몸 수혈하는
마지막 묵언의 눈길

구름빛으로 출렁거리다
적막 가슴에 조롱조롱 매달린다

애달픈 우듬지에서
달콤한 열정 베어 문 입술로
아직도 건네는 수줍은 고백

초롱이는 별빛 수놓아
절절한 시꽃 한 다발

바람꽃 머무는 그리움의 언덕에
곰비임비 바치고 있다.

초가을

바람이 그리운 날
살며시 내미는 손끝

국화의 마른 향기 한 자락
꿈결처럼 밀려오고

빨갛게 불태우던
매미의 목쉰 울대 아슴 아슴

떠나간 이름에게
안부 전한다

채우면 비워지는
계절의 이마 위에

찻잔 등 밝혀든
흰 풍금 소리

아득히 귀 세우고
듣는 시간

뒤란 대숲에는
달빛 일렁 일렁

폭염에 서슬진 숨결
밤새워 꿰매고 있다.

단풍숲

곤지암의 맑은 계곡
오솔길 따라 걸으면

풀숲 끝자락에
돌돌 물 흐르는 소리

깊어 가는 가을빛
뜨거운 입김으로
물감 풀고 있다

하늘도 내려와
함께 치르는 성찬식

한나절 앙다문 눈길로
사색 펼치면

열정의 파노라마
갈색향 안고 춤춘다

붉디붉은 가슴
서늘진 그리움으로 밀어내니

아롱아롱
추억의 눈시울이 뜨겁다.

억새

갈햇살 누운 자리
바람붓으로 닦아낸다
청아한 은빛 머리
무수히 흔들 흔들
향긋한 설렘 안고서
사랑가 부른다

신비한 선율 자락
찬 허리 껴안고
뼛속에 스며드는
가슴앓이
기다림 세우며
은은히 타오른다

저무는 노을에
그리움 번져 가며
가녀린 숨결 하나
납작 엎드린 채

저리도 마르지 않는
혼꽃으로 서 있다

순백의 몸짓으로
시린 입김 토해내며
그윽한 달빛 품어
여울목 건너면서
하얗게 피었다 지는
천년 사랑 피우리.

늦가을

계절의 층간에
초연한 아픔과
아리도록 황홀한 고백이
어우러져 꿈틀거린다

노랗게 쏟아낸 음률 따라
이랑마다 쌓여만 가는
숨결

마디 마디
속살까지 파고들어
감성 적시는 소리

길섶에
엎드린 채
신음하고 있는 그리움

서걱거리다

비에 젖어 있는
키 낮은 음표들의 사색

벤치에
한 다발 추억으로
살포시 내려앉고

내어줄수록
서서히 익어만 가는
여백의 가을향

맑은 눈시울 깊이 간직한 채
노을빛 채색으로
결 고운 사랑 구워내고 있다.

시월의 어느 멋진 날
-중앙 총동문회

봄마다
찔레꽃향 물들이던
정원숲

갈바람 은빛 물결 타고
출렁거린다

긴 세월 덧입혀 놓은
풋내음 단발머리

오랫동안 잊혀진 발자욱 벗어던지고
억누를 수 없는 가슴
붉게 토해낸다

단풍빛 물든 가을 낭만에
설렘 쌓다 허물던 자리

아무리 짓이겨도 부서지지 않는
그 낭랑한 목소리

줄줄이 기대선 유년의 꿈들
지평선보다 먼 그리움으로 돌아온다

절벽 아래로 낙화하는
아찔하던 꽃잎들

푸른 탑 연잎에 쌓인
못다 한 사랑들

황포돛배에 부서져 흐느끼는
윤슬에
절정의 입맞춤 한다.

가을이 오는 선물

초가을 정자 아래
떨구는 잎새 하나
바닥에 핑그르르 구른다

늦게 핀 능소화
가녀린 분홍빛에 콧노래로
화답하니

여린 꽃봉오리 화들짝 피어나
누굴 그리 애달피 그리워하는지
은은한 여운 타고 살랑 살랑

하얀 차꽃처럼 순박한
눈망울 굴리며
철없이 해맑은 웃음
잡초처럼 나폴나폴 춤췄지

작은 별 성벽에도
아름드리 나이테 나무에도

빈손으로 거듭나며
손 흔드는 풀꽃 미소

구름은 별들에게 인기척 보내며
높이 오를수록
더욱 깊어져만 가는 골짜기

비바람에 흔들리며
피고 지는 꽃들의 합창소리 정겹다

허리 굽은 나는
아직도
일필휘지한 네 청춘의 팔
지팡이 삼아

내 안의 너를 만나는 순간
아무것도 찾을 수 없는 캄캄한 눈에
마침내
마른 비늘처럼 풀려나 환해진다.

옥수수·1

누군가
풀숲에 감춰둔 사연

소복한 여인의 우수처럼
가지런히 드러낸
하얀 미소

깊은 잠 깨우던
아련한 그리움
촘촘이 늘어서서

여린 가슴 알알이
모진 시샘에
쪼아내린 상흔들

주저앉은 하늘 아래
차마
부끄러움 감출 수 없어

두근대는
초가을 잔물결만
일렁일렁.

옥수수·2

바람 잔등으로
껍질 벗기던 날

열병 앓던 뜨거운 침묵이
옷깃 여민다.

꽃무릇

산기슭 추억 따라 무리져 부려 놓고
피보다 진한 사랑 올올이 물들인다
외로이 태운 가슴속 가느다란 아우성

달빛도 그리 밝아 홍조 띤 몸짓으로
영혼 갈망하며 붉은 넋 기리는 너
단심에 피는 꽃향기 천리길도 아련하다

멀고 먼 기다림에 보고픔 울음 울고
그 시절 더듬으며 귓가에 맴돈다
구월에 피는 그리움 지칠 줄도 몰라라.

제3부

점점 잊혀 가는 저 가슴속 그리움
다 마를 때까지
붉어진 노래꽃 피워내고 있다

새해 아침에

영원한 사랑꽃이
푸른 꿈 향해 날갯짓하네

연초록 설렘 안고
햇살 걸음걸이로

낮은 곳의 낮은 자들과
아픔을 함께하기 위해

갈망의 눈빛이 달빛 되어
하얀 병실 창가에
촉촉이 젖어 내리네

흐르는 물처럼
고독에 순응하며

옆구리 물까지 다 쏟으며
신음하고 있네

힘차게 떠오르는 동녘 햇살에
그리움 띄워 보네

언젠가
고통의 흔적
아스라이 흘려보내는 날

환한 모습으로 웃을 그날을 위해
온 힘 다해 기도하고 있네.

설날

우듬지에
눈꽃처럼 피어 있는
까치 한 마리
설빔 소식 기다리고

흰옷 두른 나무는
서서 두 팔 벌린 채
한 해의 첫 절정 알린다

하얗게 쌓여만 가는 눈꽃송이
어제의 슬픔 지우고
노란 복수초의 미소는
살얼음에도 소롯이 빛나고 있다

가슴속 푸른 잔디 위에
환희 피어오르는 햇살처럼
충만한 영혼의 못자리마다
내면의 꿈송이들
헤살거리며 웃고 있다.

호수와 목련

오롯한 방향으로 고집한
꽃샘추위
안부 물어 보자 화들짝 깨어나
숨죽인 하얀 체취 가슴에 박혔다

밀봉한 세월 속에 깊은 정 휘감고서
숨죽인 사연들이 윤슬 위 반짝반짝
그리움 말리던 자리 서리 서리
펼친다

달밤에 슬프도록 알몸 태우다
바람깃 꺾인 붓대 순백의 울음소리
봄밤 지새우고는 고독 헹군다

적막 떨군 혈흔
애절한 춤사위로
밀어로 말아 올린
저 봉긋한 사랑 연가
허공에 은빛 자태로 휘적이고 있다.

겨울 빈 숲에는

하얗게 스며드는
잔설가지
사색의 빗장 풀어놓고

고즈넉이 스치는 날빛 아래
독백처럼 차오르는
침묵의 아린 무늬

무시로 헤살거리다
헐거워진 마디마디에
갈잎 타는 내음

애끈히 떠도는
은달빛 숨결 위로
스산한 가랑잎 하나
빈 가슴속 헤집는다

심장 벽

까치밭 뒹굴며
휘감기는 솔잎의 춘정
긴 그리움 삭힌다

푸른 울음 에이는 새소리
뜨겁게 사랑하며
어디메쯤 향기로 싹 틔운 봄
여백 속으로 파고든다.

그 겨울 파편 속에서

옷고름 풀어낸 명주바람
봄길 재촉하고 있다

따스한 햇살춤 연주하는
오케스트라 선율 따라
낯익은 거리 오가며
몰려다니는 새떼

빈 나뭇가지 사이로
물오른 새싹들이 발돋움하고
까마귀들 겨우내 뒤척인다

이명 소리 떠다니는
지독한 열병 속으로
겹겹 빗살 품은
별빛이 눈 뜬다

홍매의 전령들은

다붓이 차오르는
꽃물 풀어놓고

서리꽃 그림자 물결 위 거닐며
붉어진 향기
투명하게 출렁인다.

펑펑 눈 내리는 날

하얀 고요 속
가지에 내려앉은
풍경소리
온 세상 덮고 있다

가만히
바람이 나뭇가지를
다 만나고 올 때까지
한 점 흔들림 없이
내려앉은 그 가벼운 무게

바람 따라
소쩍새 소리
천천히 되돌아오는 동안

밤이 되자
눈꽃처럼 반짝이는
별을 보며

손 뻗어
닿을 듯 닿지 않는 그 빛을
옷섶에 살며시 닦고 또 닦는다

어둠 속에 깃든 빛섬을
오래도록 바라본다

즈믄 번뇌의 강 지나
우람해진 시는
오래도록
내면의 나이테 볼 수 없었다.

눈 오는 강둑에서

시린 눈발 날리는 날
외로운 사시나무 되어
송송 뚫린 빈 가슴
빛 잃은 낮달 된다

순백의 그림자
잠재울 수 없어
강둑을
하염없이 걷고 또 걷는다

내면에 흐르는 풀씨의 노래
적막 강산에 뿌리 내리는
맑은 시어의 집
은빛 출렁출렁

허공에 못질하는
칼바람 속에서도
고요의 여백으로

파릇파릇 살아 숨쉬며

천사의 나래짓으로
생명 불러오는 불씨
하얀 묵시록 말씀이 된다

세월의 굴레 소용돌이치듯
얼킨 실타래처럼 풀어헤친
흰 상념들

아무 생각 없이
홀로 도는 바람개비처럼
왜 거기 서 있는지도 모른 채
무얼 찾고 있는 걸까.

그 겨울 끝자락

설원 깊은 강
하롱하롱 휘날리는 눈꽃송이
감미로운 선율 안고
비릿한 내음도 없이
꿈꾸듯 스며든다

길 걷고 걸어
사색의 꽃 피면
찰랑 찰랑 젖은 입술
강둑에 가 닿는다

바닥까지 출렁이는
고요가 눈뜨면
부풀어오른 향내음

더 이상 가뭇없이
봄은 오지 않는다고
굳게 닫힌 속눈썹

주렁주렁 울음 매단다

시리도록 푸른 여백
아득히 돌아보니
그리움은
소리 없는 박음질로
망부석 된다

이별 한 칸씩 잘라내고
발목까지 시린
갈매기 울음
수평선까지 끌어당기면

서릿발같이
떠밀려가던 당신 곁
아직도 거기 복사꽃 한창이다.

독감

별들의 눈물
닦아 주던
나목의 그림자

숨어든 달빛의 허물 벗기며
흐르는 풀벌레 소리
건져 놓는다

기울어진 허공에
모래알마저 빠져나간
가슴의 포효

웅크린 바람도
온종일
가르렁거린다

하얗게 베인 심장의 뼈
이팝나무꽃처럼

자지러지게 춤추고

잿빛 적막은
뿌리 깊은 각을 세운 채
불면의 성을 쌓는다

언 땅 녹이던
고요한 숲엔
기침 소리 펑펑

신기루처럼
그리움 위로
쏟아져 내리고 있다.

등대·1

바람 씻어
고요히 명상하는
푸른 등걸

내어달리는 가슴
하얀 소금꽃으로 서 있다

기슭 안고 돌아누운
수평선 저 너머

웅크린 추억의 감성
너울너울

까마득히 열리는
소라의 촉수

시작도 끝도 없이 밀려드는
윤슬의 그림자

옷고름 풀어헤친 파도자락에
드러눕는다

고백의 향으로
줄줄이 피어나는 연민 송이

저리 붉어진 노을빛 눈시울
조개껍데기 속에 감추고

가녀린 허리춤
달빛 속살에 돌돌 말아

침묵의 여정이
오롯한 한 생의 그리움 되어 떠 있다.

등대·2

천 개의 바위섬에
사막꽃 핀다

바다는 커다란 정원
일제히 꽃들이 길을 연다

모든 것 삼키고 떠난
파도의 울음 소리

목이 쉰 머리카락으로
밤마다 별을 껴안는다

무게만큼이나
조각난 하늘 모서리

찢힐수록 오롯이 피어나는
바다향

까맣게 젖은 비린내 품고
한숨결 베어 버린 허기
한 겹씩 비늘 벗긴다

바람 머물다 간 둥지엔
숭숭 뚫린 가슴벽

선 채로 물든 노란 현 따라
물풀 끝에 잠이 든 냉이꽃

가느다란 손등엔
푸른 잎이 돋아난다

먼 데서 날아온 새가
절벽 물고 높이 날아오른다.

등대·3

바람 포개져 까맣게 젖은 너울
선 채로 얼어 버린
달빛 씻은 고요가 뒤척인다

이끼 낀 바위섬
돌돌 말아 올린
흰 포말

목이 긴 석등에
아슴아슴 은빛 감성으로
귀문 열고 서 있다

헐벗은 새벽에
하얗게 기운 고독
가슴벽에 부딪히는
외마디 파도의 울음 소리

모든 걸 다

떠나보낸 후에야
꽃잎으로 지는 그리움

세월의 침상 속에
흰 뼈로 남은
상흔 조각

허기진 그림자
밤하늘 별빛으로
튕겨 오른다

명치끝에 서슬져
핏빛으로 타오르는
혼불

야음에 피우는
신비의
저 푸른 돛대

아리도록 스민
고백의 숨결
깃발 되어 나부끼고 있다.

그리움

흐르는 달빛에 젖어
고요 깨우는 여백의 창가
별빛 속삭이는 추억 속
마른 고독 줄지어 서서
침묵을 노래한다.

이준 열사

조국의 벼랑 끝에
외마디 숯덩이
화염 속에 잠드신 님이여

헐벗은 산맥 지나
흙바람 날리는 낯선 땅 헤이그에
그리움 빚은 그 통한의 아픔으로
세계 만방에 한 소절 소리꽃으로
피어난 님이시여

역사 속 잔악무도한 일제 만행에
숨죽여 울던 날
신비의 늪길 건너 너울대는
찬란한 봄날을 위해

선연한 핏빛 물들여
오천만 가슴에
혼불 밝힌

민족의 열사여

글썽이는 밤하늘의 별빛처럼
새벽 향해 날으는 불새의 날갯짓으로
바람 불어 서늘한 이 땅

오롯한 고백으로
뿌리 내린 계곡마다
춤추듯 울려 퍼지소서

이 겨레의 살아있는
푸른 숨결을 들으소서

우리의 선각자
이준 열사여.

노무현

오월의 푸르름 그 바람 끝에
아득한 그리움이 된 당신

밤이 그토록 사무쳐
또 하나의 촛불로 태어난 당신

찔레향 뚝뚝 떨어지는 날이면
부엉이바위 끝에 맺힌 새벽 이슬도
핏빛 심장에 새긴 횃불 되어 다시 타오릅니다

방방곡곡 몰려든 아픈 상흔들과
불면의 어둠 속 뜨거운 눈빛들은
적막 깨우며 다시 올 태양을 맞이합니다

한 톨의 씨앗으로 날아올라
민들레 강토에 하얗게 피어난 당신

가시덤불 그 아득하던 높이 깨뜨리고

갈망의 덫으로 순결한 제단이 된 당신

흙내음 나던 텁텁한 웃음은
들꽃처럼 수줍고 향그럽기만 합니다

푸르른 솔잎으로 노래하며
목청껏 낭만을 꽃피우던 당신

고독의 심연은
마침내 수천의 연분홍 나래짓으로
날마다 날아오릅니다

대대로 이어질 민주 통일의 꽃이
가슴 가슴에 피어나는 그날까지.

치과에서

치통은 바람난 구멍

허공에 입 벌리는 순간
창자 속까지 열린다

촘촘히 박힌 씨줄은
신음조차 못하고 까무라친다

새빨간 꽃잎 물든 더듬이처럼
어슴어슴 밀어내고
추억 같은 알몸 드러낸다

젖비린내 나는
시커먼 적막 덩어리 뭉클 뭉클

혀끝에 닿던 달디단 즐거움이
그렁그렁 눈물까지 삼킨다

아직도
바다 내음 선연한 뻘밭의 노을빛처럼
물살에 잘려 나온 소금쟁이

허연 가슴의 써레질에
창백한 고독 송이처럼 매달려 있다.

화실

노을 풍경 드리운 채
밤새
시리도록 뒤척인다

바스락거리는
찬바람의 촉수
촉촉이 눈시울 삼킨다

적막 쌓이는
추억의 언덕 위로
환상이 날은다

돌다리 두드려 온
추억마저 삼켜 버린
잿빛 어둠

솟구치는 허무까지
연둣빛 햇살로 풀어내며

허공에 바람의 집을 짓는다

심장 베인 첫사랑처럼
얼음장 밑으로 흐르는
저 아득한 그리움

시공간도 없는
설렘의 화폭
하늘하늘 넘나들고 있다.

꽃차 마시며

비밀 정원에 날아든
여울목 속삭임

지긋한 은달빛 깨물고
오감 떨군 채
뜨겁게 달아오른다

푸르게 닦인 향내음
찻잔 속 유영하는
허허로운 빈 가슴

덜 아문 생채기로
일렁일렁
뜨건 울음 꾹꾹 눌러 삼킨다

층층이 덮인 꽃그늘
한 줄기 맑은 시어에
감성의 나래 펼치며

점점 잊혀 가는
저 가슴속 그리움
다 마를 때까지
붉어진 노래꽃 피워내고 있다.

복숭아

솜털처럼 보송한 향내가
달콤한 꿈의 나락에 기댄
오후

오솔길 따라
연분홍 꽃잎이
파르르 떨고 있다

구름 건너고
태풍의 소용돌이 따라선
여울목

뙤약볕으로 빚은
순백의 속살 고백

단물 배인
붉디붉은 마음이
익어 가고 있다

덥썩 깨물고 싶은
첫사랑의 빨간 유혹

깊은 침묵으로
멍든 가슴 부딪히며
바닥에 서럽게 나뒹군다

서툰 이별
푸석한 립스틱으로
올올이 갈변하는 상흔

추억의 속살 차르르 벗기면
한입의 우주가 토해낸
망각 베고 눕는다.

그날이 오면

설원 달리던 바람 소리
회색 포말의 수레바퀴처럼
침묵이 고갈하는 날

얼음장 녹이던 갈증
벗어 버린 희망 하나
떨리는 함성의 그날

피끓는 열정
광활한
산과 바다 넘어

화살같이
이념의 빗장 열고
실체가 짓밟히던 날

백두의 창을 열고
얼었던 봄날의 계곡물이

풀리던 날

지평선의 노을빛 산허리
붉은 새 깃털 나부끼며
서린 혼 달래고 있다

반만 년
어둠 사르는
별들의 속삭임

등불 쏘아올려
난타 치는 북소리에
남풍으로 홰를 치고

산등성이 억새와
진달래의 붉은 눈시울
천년의 노래꽃으로 피어나고 있다.

윷놀이

쓸쓸함 삭이는 고독이
별빛 깨어문 서릿바람에
들꽃향 적신다

백발 넘어선
청순한
영혼들

겨울 햇살 버무리며
허공에
춤사위 한다

와르르 구르던 은빛 나래짓
손바닥만 한 그리움
휘감은 채

데워진 가슴
몽글몽글

실핏줄마다 주름 털어내며

웃음보 터뜨리던
오후가
노을빛에 물들어 간다

발효되어
붉어진 홍매처럼
쉼터의 향 적시며.

모산 품자락

아득한 밤
눈이 쌓이고 쌓여
하늘이 내려앉고 있다

한낮의 빛
그림자마저 지고
아무도 오가지 않는다

새들은 우듬지에 앉아
먹을 게 없어
흰 눈 쪼아 먹고 있다

한 시름이 이울고
긴 여정의 편린들
못내 흔들리는 춤사위

화석처럼 틀어박혀
세월 끌어당기는 맨살의 침묵만

겹겹 깊어지고 있다

목쉰 바람 끝 그 붉은 내장이
줄줄이 쏟아져 출렁이고
낮게 포복하는 저 적막 두른 산

한겨울 무늬진 속울음 껴안고
저리 환하게 미소 짓는
저릿한 그리움 하나

떠밀린 치맛자락
투명한 햇살 위에 뒹굴며
허공 틔우고 있다

한 생애 받쳐 든 눈꽃송이들
굽이진 산등성이마다
하얀 속살 드러내고 있다.

허공에 핀 꽃

어쩌면 그녀는
긴 여행에서 돌아온 듯
휴식 깔리는 쉼표의 시간들

하오의 눈시울이
무색의 낮은음자리표에 얹어
햇살 춤을 춘다

꽃자리 흔들고 간 눈빛
홍해 갈망하던 나비의 꿈은
흔들리는 몸살로
혹독한 광야의 허물 벗는다

그 길 위에서 찬란했던
조락의 순간들
바람에 이마 씻고
가슴밭 휘감은 겨울 떠돈다

은빛 수염 간질이는
푸른 물방울 된다

얼음산 십자가
그대 영원의 눈동자에 새겨진
바람꽃 일기 펼친다.

그대에게 가는 길
- 호남 민족 민주 열사 희생자 추모식

창포잎에 씻은 여명
굵은 손마디 열고 나온다

맨살의 침묵이
조금씩 열리고

하얗게 눈뜬 수천의 의미들
국화향으로 피어난다

어둠 넘어 뜨겁게 전율하는
붉은 꽃잎들 물고서

허리 끊어질 듯
뼈들이 타들어 가던 자리

감아올린 열띤 숨결
시공을 날고

신명의 껍질 벗긴
흰 손목의 삭정이

긴 그림자 이끌고
비탈길 뛰어넘는다

서슬 퍼른 무등 옷자락
무명천 닮은 그대 모습

망망 들판의 손톱 끝
짓무른 봉선화로 물들이면

단풍 진 그리움은
햇살 등 찾아간다

뿌리 밑으로 흐르는
저 아득한 별빛 눈물

이끼 낀 바위틈에 녹아든
아롱진 빛살 한아름 안고

천년도 시들지 않는
순결의 부리

빛나는 날개 돋우며
톡톡 깨우고 있다.

제4부

허공 디디고 일어선 슬픔의 껍질들
물그림자 깊이 옹송옹송 끌어당기며
연둣빛 떨림으로 번지고 있다

목포 대교

낮달에 닿은 흰뼈
비늘 털며 길게 드러눕는다

다도해 바람에 실려온
연지꽃 내음

밤마다 별빛 잔치
아슴아슴

칠현금 타고
수수께끼 풀어헤친다

마디마디
여백 떨리는 소리

물방울 화관 달린
푸른 촉수

그리움의 신비 찾아
푸른 바다 껴안는다

겹겹이 밀려오는
파도 음률

다다른 곳마다
노을빛으로 타는 열정

수문의 빛기둥
돌돌 말아 올린

눈부신 나래등 타고
고요의 길 연다.

여수 요양 병원

멀리 수평선에는
황혼이 몰고 온 나그네 발자국

침묵의 여정 안고
한의 기도로 머뭇거린다

하얗게 밀려오는 물안개
영혼의 탄식인 양 너울너울

지친 길 저물어 가는 아쉬움
속가슴에 둥지 틀고

메마른 호흡들이 붉게 새겨놓은
동백의 아린 꽃잎들

깜박이다 멈춘 추억인 양
어둠 속 잉태하는 양수 되고

화살처럼 날아가 버린
시간의 잰걸음

아름다운 그리움의 순간들을
가슴결에 한 땀 한 땀 꿰매고 있다.

완도숲

북가시나무 꽃이 어우러진
남도 바람 끝
해맑은 길라잡이의
늘푸른 아침이 열리고

햇살 버무려
뿌리내린 발효된 사랑
모감주나무 군락에
한 그루 쉼으로 서 있다

아홉 등에 업은 정도리 구계등엔
실바람 스치는 한 움큼의 추억이
등 푸른 파도 소리에 헤살거리다
갯돌 화음에 입맞춤하고

마주보는 산신제 모서리마다
어느 때고 그리움으로 다시 피어날
노오란 설렘 한 자락
펄럭이고 있다.

시꽃 물들다

서호에 부는 바람
설렘의 길목에서
향긋이 둥지 틀고

하늘빛 허공의 침묵
푸른 풀씨 나르던
그날의 언약

사랑도 미움도
다 벗어 버린 가벼운 발걸음
쉼표 찍어 놓고

만개한 벚꽃길 따라
시향 춤추며
봄을 읽는다.

촛불 행진

마음의 하늘에
날마다 무지개 뜬다

종이컵의 연약한 무게가
비스듬히 쏠리며
말없이 옹이 하나 깊이 박힌다

꿈과 사랑이 싱싱한 꽃처럼 피어나
칼바람에도 끄덕 없는 혼백으로 타오른다

맨 땅이 갈라질 듯한 함성소리
불끈 불끈 어둠을 가르면
차가운 겨울 바닥에서
소스라치는 얼음꽃들이 피어난다

쌓이고 쌓여 숨죽인 가랑잎들이
철벽과 물대포를 뚫고
우뢰와 같은 침묵으로

푸른 옷자락 휘날리며
그리움으로 치달려 가는 길

설움 깊은 강을 따라
방방곡곡 거리마다 광장마다
벌떡 벌떡 일어나
출렁이는 꽃등 타고 달려간다

넘어졌다 다시 일어나
새벽 이슬 적신 가슴으로
솟아오른 동녘 햇살 받아
뜨거운 산천 불태우러 달려간다.

나와 강아지

바람결 깊게 스민
그 밑바닥까지 핥던
밥그릇

납작 엎드린
들꽃 미소
소롯이 건넨다

종일 마당가
뱅뱅 맴돌던
적막한 허공

노오란 민들레에
벌나비 날갯짓
훨훨

조곤조곤
입맞춤하던 제비꽃

화들짝 놀라고

벙싯벙싯
연둣빛 풀내음
화사하게 뒹군다

봄바람 따라
꼬리 흔들흔들
앞장 서는 강아지

담장 바깥 세상이
궁금한 듯
자꾸 짖어댄다.

허공에 젖지 않는 새

비가 오나 눈이 오나
바람 거스르지 않고
허공 날은다

흰 눈썹 낮달이
고요히 내려앉자
스스로 껍질 깨고
절벽에서 비행 연습한다

눈 깜짝할 사이
시속 몇 천 킬로 줄 고공 행렬에
시퍼렇게 하강하는
저 아찔한 속도감

수평선 저 너머
바다 피아노 건반 위 피돌이 하듯
빗속 질주하며
수천수만 나팔꽃 피워내는

음표의 향연

징검다리 건너며
쌍둥이 별자리에 흐르고
무한대 세월 거스르는 시간 향해
힘차게 펄럭이는 나래짓

진종일 해바라기 그려내며
불씨 피워내는
영원을 향해 꿈꾼다

무한한 지평선 꽃술
달 뜨는 창가에
은하에 갓 길어온
꽃차 마신다.

영랑생가

새벽부터 내리는 비
오늘도 조금씩 그리움 적시는
고목나무 한 그루 서 있다

아무리 기다려도 기척 없는
저 어룽진 그림자
미풍의 운무처럼
사무치게 피어나는 환희

세월따라 피고 지는
꽃잎의 독백 풀어놓고
수풀 같은 보고픔
뜨겁게 수놓는다

유월 어느 날
당신의 찬란한 꽃그늘 아래
잘 익은 고독의 노래
초록 마당에 펼쳐놓고

저 멀리 별빛 헹궈내
영혼의 창문마다
불 밝힌다

님의 흔적
수런거리는 댓잎향 올곧게 받아낸
모란의 붉디붉은 연서
차가운 물빛 심장처럼
고요하다.

하나되는 봄날, 딸에게

바람 불자
꽃씨 날아와

여리디여린
연둣빛 새순
쏘옥 고개 내밀더니

어느새 정원 뜨락에
하얀드레스 입고
황홀히 서 있는 목련 한 그루

듬직한 푸른 솔향
살포시 다가와
수줍게 속삭인다

어느 별에서 왔을까
곱디고운 고백 한 송이
각기 다른 우주 끝에서 만나

아롱다롱 웃음꽃 피우며
청사초롱 불 밝히고
벅차오르는 여명의 촉수
수놓는다

은은히 피어올라
둥지 튼 설렘 자락

촉촉이 스민
연민의 눈빛으로
서로 다름을 인정하고

용서하고
사랑하며
속살거리는 환희의 기쁨

씨줄날줄 아로새긴
언약의 문향

다복다복 채우던 여백은
푸르게 차오르고

영원히 마르지 않을
사랑의 샘물 출렁출렁

붉디붉은 열정의 꽃향
솔솔 피어나는 어느 봄날

마법처럼 빛나는
부활절 축복 안고

눈부시게 숨고르며
하나되어
저리 찬란히 차오르고 있다.

달려간다

허공 부풀어오른 이팝나무처럼
새하얗게 피어나는 환희의 미소로
달려간다

송홧가루 날리는
오월의 소망 한 다발 꺾어
푸른 가슴 내밀며
달려간다

멈출 수 없는 초록빛 그리움도
마르면서 젖는 사랑의 무게로
달려간다

가난한 입술로 자라던
곱디고운 눈빛의 목마름
붉은 뺨에 쏟아지는
맑고 깊은 첫 울림으로
달려간다.

추억의 양동시장

1
먼동 트이는 아침
눈부신 햇살 주워담은 개천가
물비늘의 눈빛 반짝거린다

왁자한 소문 울컥이는 어둠 닦고
너스레한 노점 아지매들의 혈색 좋은 웃음소리
삼백육십오 일 좌판 깔고 흥정한다

줄줄이 엮은 부양가족 품기 위해
불구덩이라도 뛰어들 수 있다는
일념 하나로
시커멓게 멍든 주먹 가슴으로
애환의 물살 건넌다

생채기로 찢긴 날카로운 비수
아린 침묵 꿰매며
도마 위에 납작 엎드린 오후

삐걱거리는 허리 통증 할퀴고 간
파닥이는 은빛 나래짓
황금빛 노을 떨이한다.

2
세느강이라 불리는 양동다리 옆
역사 깊은 광주의 푸른 기상 안고
무등의 젖줄기로 태어난
화이트칼라 미모와 흰 베레모 뽐내는
중앙여고

양동다리 밑
떡볶이와 오징어 튀김도
덩달아 튀어올라
발랄한 안색으로 무더기 수다 떤다

철썩이던 광주천 계곡
지워도 지워지지 않는
버들강아지 빛으로 남아 있다.

계절의 길목에서

등나무 아래는
여름내 열정 담금질하던
늘어진 잎새

싱그런 바람결에
초록빛으로 입맞춤한다

지친 이마엔
맑은 이슬 방울
여명처럼 빛나고

태풍 끝자락에
휘감기는 매지구름
감춰 둔 찬란한 울림들

내달리는
시간의 더께 위에
가녀린 여백의 숨결 다독인다

벤치에 앉아 있는
추억의 조명등엔
퍼즐 맞춘 푸른 메아리

소맷자락에 매달린
조롱박처럼
흔들어대고

교차하는 시울림대에는
수수께끼 같은
그 신비의 속살

마디마디 깨어나는
눈빛 묵언으로
고즈넉이 화답하고 있다.

제암산 휴양림에서

여름 끝자락
어울림 한마당 잔치*에
빗줄기 낭만이 우르르 쏟아지고 있다

웅크리던 안부들이
두 무릎까지 넘실거리고

징검다리 사이로
검푸른 추억 물결이 수런수런

마주보는 천막 흔들거리는 허공
맨살 가르는 물소리

얼마나 서로 먼 길 돌아왔는지
울컥울컥 목멘 듯 춤춘다

쉼 없이 동트는 시간 달려온
초록 가슴들의 노래

뿌리들의 소박한 미소
꽃들의 해맑은 웃음 소리에
골짜기가 들썩들썩

비는 한층 더 깊어진 운무 휘감고
가파른 등허리 밟으며

깊은 계곡은 토해 놓은
젖은 내음 말리고 있다.

*어울림 한마당 잔치; 제암산 휴양림에서 가진 도시와 농촌의 단합 대회

가을 피정

일상 접어둔
명상의 집 그 골짜기

음표들이
갈향 물든 설렘 자락
아슴아슴 풀어놓는다

동그라미 둘레에
목마름 풀어헤친 발잔등

아롱아롱 꽃물지다
춤추며 날아오르고

달빛 일렁일렁
숨결 모아 고르고 있다

흔적마저 채찍질하는
잔나뭇가지들의 사색

멀고 먼 길
돌고 돌아

별빛 밟고 건너는
고독처럼

스스로의 길 되어
채우고 싶은 나날

황홀히
영혼의 옷 갈아입고

하얗게 피어나는
억새의 그리움처럼

북한산 자락
굽이굽이 펼치고 있다.

앙암 바위에 두고 온 시간

가야산은 붉게 타올랐다
잊힐 듯한 저 애달픈 천년 사랑

영산강 삼백오십 리 길
낙화암은 붉게 흘러
전설의 윤슬들이 젖은 눈빛 쓰담으며
풀잎 문장 받아 적신다

백제 아랑사와 아비사
아직도 닿지 않는 허공벽에
그리움 달래며 나를 부르는
슬픈 사랑 이야기

아련한 그림자 속 눈시울 어리는
하많은 세월에 엉킨 사연들
풀어헤친 꽃다운 청춘들이
시퍼렇게 멍든 강물 위로 뛰어든다

은사시나무 햇살 사이
거센 바람 굵고 가는 마음밭
황포돛배 아슴히 떠오르면

우아한 황새 날갯짓
오롯이 맑은 사랑 앞에
하얗게 흘러내린
찔레꽃 한아름 가슴에
담는다.

가야산 마을에는

우수수 별빛 부서지는 소리
솔밭길 맨발로 달려나와
가지 끝에 매달린다

지친 어깨 다독이며
진주알 품은 은빛
성모의 별

내려다보이는 마음속 우물의 세계
숨박꼭질하듯
햇살 웃음 꼬리 달막하다

그 먼 상승의 꼭대기
깨어남으로
아래로만 내려가는 좁은 길

소릿바람에 휘둘려
슬픔은 사라지고

격랑의 꽃그늘 사른다

온몸의 근육은 가다듬어
매만지는 손끝마다 단단한
영혼의 파동 만든다

맑은 생명수처럼 솟아오른
풍경소리
청아한 달빛 한 올씩 올려
허공 닿을 듯 가부좌 틀고 있다.

이끼

발길 닿는 곳마다
주름지며 흘러내리는
푸른 심장 소리

허공 디디고 일어선
슬픔의 껍질들
물그림자 깊이
옹송옹송 끌어당기며
연둣빛 떨림으로 번지고 있다

몽롱한 몸의 각도
평형감각 덧칠한
물의 뼈 곧추 세우며

연분홍빛 입술
파르라니
강물 위에 탁본한다

언젠가는 꼭 가야 할
초록 순례의 길

그 성찬의 깃발
돌돌 말아 올린
음표의 향기

시름의 벼랑 끝 붙잡고
풀빛 여명 열어가는
푸른 나래짓

살풀이 춤사위마다
하얗게 질러대는
묵념 펄럭이고

녹슬고 헐거워진 이랑마다
여정의 파문 껴안고
강섶 오래 붙어있는

따개비 눈빛
그 따끔거리는 울음주머니

뽀얗게 흘러나오는
어머니 젖줄 같은
그 따스한 초록 이불 덮는다

저 먼 바람의 몸
두루마기 껴입은 옷자락
여백의 숨결 채우며
꽃잎 빚어 움트는 날빛

상흔 아물어 가는
그날을 위하여
첨벙 첨벙 햇살 그어댄다.

평설

김영자 시인의 시집
발간을 축하하며

박덕은 (문학박사, 문학평론가)

평설

김영자 시인의 시집 발간을 축하하며

박 덕 은 (문학박사, 문학평론가)

 김영자 시인은 전남 송정리 원동에서 아버지 김휘병 씨와 어머니 이옥임 사이에서 1955년 3월 15일에 4남 2녀 중 막내딸로 태어났다.

 그녀는 초등학교 때 광주로 유학 와서 학교에 다녔다. 1979년에 결혼하여 슬하에 1남 2녀를 두고 있다.

 취미는 노래 부르기, 시 낭송 등이고, 인생관은 세 가지, 즉 까르페 디엠(지금 여기 이 순간을 살아라), 아모르 파티(행복하게 즐기며 살아라), 메멘토 모리(죽음을 기억하라)이다.

 문학상으로는, 제3회 박덕은 전국백일장 동상, 한국여성 문학대전 최우수상, 모산 문학상 최우수상, 코로나 문학상 시조 부문 은상, 독도문학상, 남명문화제 시화문학상 산해정인성문화진흥회상, 이준열사 문학상 우수상, 빛창 문학상 우수상, 제1회 김해예총 시화전 문학상

문예상 등을 수상한 바 있다.

문단 활동으로는, 《현대문예》 추천신인상 수상으로 문단 데뷔한 이래, 광주문인협회 이사, 광주시인협회 이사, 한실문예창작 회원, 둥그런 문학회 회장 등으로 활약하고 있다.

지금부터, 김영자 시인의 시 세계를 탐구하기로 하자.

> 오는 듯 가 버리는 봄날
> 창가에 요염한 자태 뽐내며
> 고요히 꽃잎 펼친다
>
> 모서리 없는 향기처럼
> 아침 수건을 망각이라 부르며
> 함박웃음으로 너울 너울
>
> 고독이 눈빛으로 흘러
> 누군가의 사랑 애타게 기다리다
> 포효하는 치맛자락 쓸어안고
> 둥글게 녹아 내린다
>
> 수줍은 옹알이 문턱 넘고
> 꽃입술의 결백 물기로만 남아
> 더 고요 깊은 곳
> 별처럼 아슬히 푸른 울음소리

핏빛 노을 속으로 걸어가는
그리움 잉태하고도
더 이상 절규하지 않아

홀연히 춤추다 지는
저 황홀한 절망의 꽃.

-「모란」 전문

  이 시에서의 시적 화자는 창가의 모란을 관찰하고 있다. 시적 화자는 봄날에 어떤 아쉬움이 있다. 사랑과 인연이 머물지도 못하고 떠나버려서 아쉬운 것일까, 첫사랑만 그리워하다 떠나버린 봄날이 서운해서일까, 그게 무엇인지 정확히 알 수는 없지만 무언가 아쉽다. 아쉬움 때문인지 화자는 "오는 듯 가 버리는 봄날/ 창가에 요염한 자태 뽐내며/ 고요히 꽃잎 펼친" 모란에 눈길이 간다. 시적 화자는 "아침 수건을 망각이라 부르며/ 함박웃음으로 너울너울"거린다. 망각은 어떤 일이나 사실을 잊어버림을 뜻하는데 함박웃음과 맞물려 있다. 화자는 무언가를 잊고 싶은 것일까. 그 잊음으로 인해 함박웃음을 불러오고 싶은 것일까. 그러고 보니 "모서리 없는 향기처럼/ 아침 수건을 망각이라 부"른다. 향기에 모서리가 없으니 찔리지는 않겠다. 역설적으로 화자는 어떤 아픔에 심장이, 가슴이, 어제가 수도 없이 찔림을 당했을 것이다. 하지만 이제는 그 찔림까지 내려놓고 함박웃음으로 비우고 싶은 것이다. 허나 내려놓겠다고 방향을 세운다 한들 마음처럼 쉽게 되지는 않는다. 애써 웃음을 지어 보지만 "고독이 눈빛으로 흘러/ 누군가의 사랑 애타게 기다리다/ 포효하는 치맛자락 쓸어안고/ 둥글게 녹아 내린"다. 시적 화자는 사랑하는 이와 이별을 한 것일까. 이별하고도 사랑을 잊지 못해 애타게 기다리고 있는 것일까. 적막으로 깊어진 불면의 밤을 하루 이틀 사흘 그리고 먼 훗날까지 버텨야 하나. 한때는 사랑과 함께 달빛 영토 안에서 달달하고 하얀 속엣말이 서로의 심장을 뜨겁게 달구었을 텐데, 이제는 그 밤을 홀로 건너야 한다. "꽃입술의 결백 물기로만 남아/ 더 고요 깊은 곳/ 별처럼 아슬히 푸른 울음소리" 내는 모란. 여기서 별은 환한 이미지가 아니다. 푸른 울음소리의 별이다. 모란에게도 어떤 아픔이 있었던 거다. "핏빛 노을 속으로 걸어가는/ 그리움 잉태하고도/ 더 이상 절규하지 않"는 아픔이 있었던 거다. 그리움을 잉태했으면 그 그리움을 끝까지 밀고 가면 될 텐데 그리움을 붙잡을 수 없는 어떤 사연이 있었던 걸까. 어쩔 수 없이 놓아줘야만 할 이유가 있었던 걸까. 마음이 아프다. 그렇게 "홀연히 춤추다 지는/ 저 황홀한 절망의 꽃"이 시적 화자이며 모란인 것이다. 요염한 자태로 고요히 꽃잎 펼치는 모란, 모서리 없는 향기처럼 함박웃음으로 너울거리는 모란, 포효하는 치맛자락 끌어안고 있는 모란, 아슬히 푸른 울음소리 내고 있는 모란, 노을 속 그리움 잉태하고도 더 이상 절규하지 않는 모란, 홀연히 춤추다 지는 저 황홀한 절망의 꽃 모란 등으로 표현하고 있다. 낯설게 하기 기법을 바탕에 깔아 싱그런 표현들이 눈길을 끈다. 시의 맛이 살아 있어, 읽어 가는 재미가 쏠쏠하다.

1
먼동 트이는 아침
눈부신 햇살 주워담은 개천가
물비늘의 눈빛 반짝거린다

와자한 소문 울컥이는 어둠 닦고
너스레한 노점 아지매들의 혈색 좋은 웃음소리
삼백육십오 일 좌판 깔고 흥정한다

줄줄이 엮은 부양가족 품기 위해
불구덩이라도 뛰어들 수 있다는
일념 하나로
시커멓게 멍든 주먹 가슴으로
애환의 물살 건넌다

생채기로 찢긴 날카로운 비수

아린 침묵 꿰매며
도마 위에 납작 엎드린 오후
삐걱거리는 허리 통증 할퀴고 간
파닥이는 은빛 나래짓
황금빛 노을 떨이한다.

2
세느강이라 불리는 양동 다리 옆
역사 깊은 광주의 푸른 기상 안고
무등의 젖줄기로 태어난
화이트칼라 미모와 흰 베레모 뽐내는
중앙여고

양동 다리 밑
떡볶이와 오징어 튀김도
덩달아 튀어올라
발랄한 안색으로 무더기 수다 떤다

철썩이던 광주천 계곡
지워도 지워지지 않는
버들강아지 빛으로 남아 있다.
- 「추억의 양동시장」 전문

이 시에서의 시적 화자는 양동시장 정경을 스케치하고 있다. 시적 화자는 먼동 트이는 아침, 양동시장 옆 개천가에서 눈빛 반짝거리는 물비늘을 만난다. 양동시장은 "왁자한 소문 울컥이는 어둠 닦고/ 너스레한 노점 아지매들의 혈색 좋은 웃음소리/ 삼백육십오 일 좌판 깔고 흥정하"는 곳이다. 그 시절 양동시장은 광주의 중심이며 정(情)의 중심이었다. 사람 냄새 나고 인정이 살아 있어 마음이 외로울 때면 양동시장에 가서 그 허기진 마음을 채우기도 한 곳이었다. 시장의 상인들은 "불구덩이라도 뛰어들 수 있다는/ 일념 하나로/ 시커멓게 멍든 주먹 가슴으로/ 애환의 물살 건"너기 위해 새벽부터 밤까지 자리를 지켰다. 그 숭고한 희생과 헌신 덕분에 자식들은 공부하고 내일을 꿈꾸었다. 양동시장에 가면 겨울에도 바닥에 깔아놓은 양동이가 손님들을 가장 먼저 반겨주었다. 이보다 더 낮고 추운 바닥은 없다며 양동이에 담긴 미역, 파래, 바다의 말씀이 목소리를 높이고 있었다. 그래서일까. 삶의 바닥으로 떨어진 사람도 양동시장에서 힘을 얻고 용기를 얻었다. 무릎 웅크린 양동시장이 추위를 견디며 하루를 살아내는 그 성실함과 안간힘이 가슴을 울렸다. 양동시장의 한낮은 기울고 "도마 위에 납작 엎드린 오후/ 삐걱거리는 허리 통증 할퀴고 간/ 파닥이는 은빛 나래짓/ 황금빛 노을 떨이"하면 시장의 문을 닫을 시간이 다가온다. "도마 위에 납작 엎드린 오후"라는 표현이 멋지다. 생선을 손질하는 지친 상인의 손길과 하루 일을 마치고 해 질 녘으로 가는 오후의 걸음으로 읽힌다. 양동 다리 옆에는 "역사 깊은 광주의 푸른 기상 안고/ 무등의 젖줄기로 태어난/ 화이트칼라 미모와 흰 베레모 뽐내는/ 중앙여고"가 있다. 시적 화자가 그 학교를 다녔을 법한 추억이 그려져 있다. 화자는 학창 시절에 "떡볶이와 오징어 튀김도/ 덩달아 튀어올라/ 발랄한 안색으로 무더기 수다" 떠는 즐거운 시절을 보냈다. "떡볶이와 오징어 튀김도 덩달아 튀어" 오른다는 표현이 재밌다. 깔깔대며 즐거웠을 그 시절의 추억이 잘 그려져 있다. 시간이 흘러 먼 훗날이 되어도 그 시절의 추억은 "지워도 지워지지 않는/ 버들강아지 빛으로" 남아 있다. 눈부신 햇살 주워 담은 개천, 반짝거리는 물비늘의 눈빛, 와자한 소문 울컥이는 어둠 닦고, 혈색 좋은 아지매 웃음소리, 시커멓게 멍든 주먹 가슴, 아린 침묵 꿰매어 도마 위에 납작 엎드린 오후, 황금빛 노을 떨이하는 은빛 나래짓, 무더기 수다 떠는 발랄한 안색, 버들강아지 빛으로 남아 있는 광주천 계곡 등등 표현 하나 하나가 싱그럽다. 신선한 표현 발굴이 시인의 가장 소중한 임무 중 하나가 아닐까. 그런 생각을 독자에게 던져주고 있다.

시린 눈발 날리는 날

외로운 사시나무 되어
송송 뚫린 빈 가슴
빛 잃은 낮달 된다

순백의 그림자
잠재울 수 없어
강둑을
하염없이 걷고 또 걷는다

내면에 흐르는 풀씨의 노래
적막강산에 뿌리 내리는
맑은 시어의 집
은빛 출렁 출렁

허공에 못질하는
칼바람 속에서도
고요의 여백으로
파릇파릇 살아 숨쉬며

천사의 나래짓으로
생명 불러오는 불씨
하얀 묵시록 말씀이 된다

세월의 굴레 소용돌이치듯
얼킨 실타래처럼 풀어헤친

흰 상념들

아무 생각 없이
홀로 도는 바람개비처럼
왜 거기 서 있는지도 모른 채
무얼 찾고 있는 걸까.
- 「눈 오는 강둑에서」 전문

　이 시에서의 시적 화자는 눈발 날리는 날 강둑에 서 있다. 날씨도 추운데 왜 홀로 강둑에 있을까. 무슨 안 좋은 일이 있었던 걸까. 시적 화자는 "외로운 사시나무 되어/ 송송 뚫린 빈 가슴/ 빛 잃은 낮달" 되어 강둑에 있다. 아무도 없이 쓸쓸함을 견디며 눈발을 헤쳐 나가는 시적 화자가 안쓰럽다. 외로운 사시나무, 송송 뚫린 빈 가슴, 빛 잃은 낮달이 모두 화자의 처지를 대변하고 있어 외로움이 더 크게 느껴진다. 눈발이 더 날릴 수도 있을 텐데, 어서 따스한 집으로 가야 할 텐데 시적 화자는 무슨 일인지 "강둑을/ 하염없이 걷고 또 걷는"다. "순백의 그림자/ 잠재울 수 없어" 걷고 또 걷는다. 화자의 "내면에 흐르는 풀씨의 노래/ 적막강산에 뿌리 내리는/ 맑은 시어의 집"이 은빛으로 출렁거린다. 시적 화자는 외로움으로 무너지지 않고 강둑을 걸으며 시어의 집을 짓고 내면의 힘을 기르고 있는 것이다. 멋지다. 외로움과 아픔을 대하는 자세가 밝고 적극적이다. 삶을 대하는 저 자세가 성숙과 성장으로 이끌어 줄 것이다. 시는 슬픔을 이겨내는 내면의 씨앗이며 성숙의 디딤돌이다. 시의 힘을 우리는 믿어야 한다. 눈발이 날리는 강둑으로 "허공에 못질하는/ 칼바람"이 불어온다. 문득 저 칼바람 속에서도 시적 화자는 성숙의 걸음을 걸어갈 것이라는 믿음이 있다. 화자는 그 칼바람 속에서도 "고요의 여백으로/ 파릇파릇 살아 숨쉬"며 강둑을 걷고 있다. 날리는 눈발이 "천사의 나래짓으로/ 생명 불러오는 불씨/ 하얀 묵시록 말씀"으로 다가온다. 저 긍정의 자세, 저 밝음의 자세가 아름답다. 하지만 삶은 호락호락하지 않기에 마음먹은 대로 잘되지 않는다. "얼킨 실타래처럼 풀어헤친/ 흰 상념들"로 눈발은 다시 날린다. "세월의 굴레 소용돌이치듯" 다시 눈발은 내린다. 아픔을 내려놓는다는 게 어디 쉬운 일인가. 화자는 자신에게 마지막으로 묻는다. "왜 거기 서 있는지도 모른 채/ 무얼 찾고 있"냐며 묻는다. "아무 생각 없이/ 홀로 도는 바람개비처럼" 왜 강둑을 걷고 있느냐고 묻는다. 어떤 화두를 독자에게 던지고 있는 듯하다. 외로운 사사나무 되어 송송 뚫린 빈 가슴, 빛 잃은 낮달, 순백의 그림자 잠재울 수 없어, 내면에 흐르는 풀씨의 노래, 적막강산에 뿌리 내리는 시어의 집, 고요의 여백으로 파릇파릇 살아 숨쉬며, 하얀 묵시록 말씀, 홀로 도는 바람개비 등의 시어 배치가 눈길을 끈다. 독자의 마음을 끌어당기며 함께하는 시심의 텃밭이 애잔한 감성을 자아내고 있다.

> 향 짙은 커피 찻잔에
> 초승달 눈빛의 온도 헹구며
> 순수 닮고 싶어
> 불필요한 것들과 이별한다
>
> 손끝에서 일구는
> 낮은 휘파람 소리
>
> 그리운 것들 그대로 접어 두고
> 갈대꽃 흔드는 적막
> 들녘의 낙엽은
> 비밀스레 구름 위 뒹군다
>
> 지나간 흔적 볼 수 없나
> 함께했던 날들
> 커다란 그리움으로 남아
> 천년을 살아도
>
> 추억의 탑은 몸 달구며
> 오동소리 내는 풀피리 되어

바다 한가운데 표류하는
파도의 물방울 되어
고래섬 반짝이는 물비늘 되어

흰 머리칼 쓰담고 매만지는
등짐 휜 노파의 그림자에 엎드려

버짐꽃 피는 어느 늦은 저녁
거울 앞에서 쓸쓸히 불러 보는
국화 향기 되어

황혼 문턱에 다다른
영원 닮는 갈꽃 되어.

- 「가을 속으로」 전문

 이 시에서의 시적 화자는 커피향에 젖어 상념 속으로 빨려든다. 가을은 마음을 맑게 해 영혼을 환하게 밝히고 싶은 계절이다. 시적 화자는 먼저 "향 짙은 커피 찻잔에／ 초승달 눈빛의 온도 헹구"고 있다. 커피향으로 덧입히며 "순수 닮고 싶어／ 불필요한 것들과 이별한"다. 세상을 살다 보면 알게 모르게 슬픔 분노 무료함 무기력 등이 마음에 달라붙어 잘 떨어지지 않는다. 그런 불필요한 것들을 떨궈내고 싶어 커피를 마시며 가을 속으로 들어간다. 가을은 대추와 감과 벼가 익어가는 계절이

지만 불필요한 것들을 털어내듯 자신의 잎을 스스로 지우는 계절이기도 하다. 그런 면에서 가을은 익어가고 비워내는 계절이다. 일 년에 한 차례씩 비움과 내려놓음을 한다면 우리는 좀더 마음이 가벼워질 것 같다. "손끝에서 일구는/ 낮은 휘파람 소리"가 들린다. 그 소리에 맞춰 우리도 비움을 시작해 보자. 먼저 그리운 것들은 그대로 접어 두자. 언제든 다시 펼쳐 들여다보고 싶을 때 볼 수 있도록 고이 접어 두자. 갈대꽃 흔드는 적막이 비밀스럽게 뒹구는 것이 보인다. 가을은 그렇게 적막을 몰고 온다. 그 적막 속에서 자신이 걸어왔던 생의 뒤안길을 돌아보자. 사랑과 열정과 소중한 인연들과 함께했던 날들이 커다란 그리움으로 남아 있는 것을 볼 수 있을 것이다. 그 그리움은 시간을 건너뛰어 먼 훗날로 가더라도 그대로 남아 있다. 그리움의 대상들과 함께 쌓아 올린 "추억의 탑은 몸 달구며/ 오동소리 내는 풀피리 되"어 간다. 추억이 자연스럽게 일상 속으로 스며들고 있는 게 느껴진다. 다시 추억은 "바다 한가운데 표류하는/ 파도의 물방울 되어/ 고래섬 반짝이는 물비늘 되어" 간다. 역동하는 추억의 어떤 힘이 느껴진다. 한 층 한 층 열정을 쌓고 성실을 쌓으며 어떤 결과물을 만들어냈을 화자의 노력이 엿보인다. 결과물을 만들어냈던 그 힘이 파도의 물방울, 반짝이는 물비늘로 다가온다. 아름다운 그 힘을 믿고 다시 앞으로 나아가면 된다. 추억과 그리움은 단지 과거를 회상하는 게 아니다. 열정을 쏟았던 그 힘을 기억해내며 그 힘을 다시 내일에 쏟겠다는 다짐이기도 한다. 그래서 그리움의 힘은 세다. 이번에는 다시 화자는 "흰 머리칼 쓰담고 매만지는/ 등짐 휜 노파의 그림자에 엎드"린다. 아무리 열정이 많고 진취적이라 하더라도 나이가 들어가는 것을 막을 수는 없다. 어차피 나이가 들 바에야 노년을 있는 그대로 받아들이면 된다. "버짐꽃 피는 어느 늦은 저녁/ 거울 앞에서 쓸쓸히 불러 보는/ 국화 향기 되어" 본다. 다가오는 노년이 쓸쓸하지만 국화 향기가 느껴져서 품위가 있다. 마지막으로 "황혼 문턱에 다다른/ 영원 닮는 갈꽃 되어" 본다. 영원 닮은 갈꽃이라니 멋지다. 우리의 그리움과 노력도 언젠가는 그 갈꽃으로 꽃피어났으면 좋겠다. 이 시는 요소 요소에 신선한 이미지를 깔아 놓아, 시적 형상화의 세련미를 보여 주고 있다. "초승달 눈빛의 온도 헹구며", "손끝에서 일구는 낮은 휘파람 소리", "갈대꽃 흔드는 적막", "추억의 탑은 몸을 달구며", "고래섬 반짝이는 물비늘 되어", "등짐 휜 노파의 그림자", "버짐꽃 피는 어느 늦은 저녁" 등의 표현들은 모두 상큼한 이미지 구현의 디딤돌이 되고 있다. 사물을 바라보는 각도가 기시감이 들지 않아, 멋스러워 보인다.

설원 깊은 강
하롱하롱 휘날리는 눈꽃송이
감미로운 선율 안고
비릿한 내음도 없이
꿈꾸듯 스며든다

길 걷고 걸어
사색의 꽃 피면
찰랑 찰랑 젖은 입술
강둑에 가 닿는다

바닥까지 출렁이는
고요가 눈뜨면
부풀어오른 향내음

더 이상 가뭇없이
봄은 오지 않는다고
굳게 닫힌 속눈썹
주렁주렁 울음 매단다

시리도록 푸른 여백
아득히 돌아보니
그리움은
소리 없는 박음질로
망부석 된다

이별 한 칸씩 잘라내고
발목까지 시린
갈매기 울음
수평선까지 끌어당기면

서릿발같이
떠밀려가던 당신 곁
아직도 거기 복사꽃 한창이다.
─「그 겨울 끝자락」 전문

  이 시에서의 시적 화자는 어느 겨울 끝자락에 서 있다. 뜨겁게 사랑하다가 이별한 그해 겨울의 끝자락에는 눈꽃송이가 아직도 휘날리고 있다. "감미로운 선율 안고/ 비릿한 내음도 없이/ 꿈꾸듯 스며"들고 있다. 설렘이라는 심장을 사랑에게 바치며 뜨겁게 하나가 되었을 그 시절이 아름답게 스며들고 있다. 전성기처럼 달콤한 속엣말들은 밤을 달구었고 봄날의 화법처럼 사랑의 꽃은 활짝 피어났을 것이다. 이별을 예상하지 못했기에 서로의 어색함을 풀고 싶어 시적 화자는 "길 걷고 걸어/ 사색의 꽃 피면/ 찰랑 찰랑 젖은 입술/ 강둑에 가 닿"는다. 서로의 다름과 하나되는 사랑에 대해 많은 생각을 했을 것이다. 상대를 이해하기 위해 자신을 수도 없이 내려놓았을 것이다. 서로에 대한 이해가 쌓이면 존중과

배려의 공간이 열리기에 화자는 사색의 꽃을 피우며 사랑에 대해 깊이 고민했을 것이다. 그 고민 끝에서 화자의 젖은 입술은 춥고 매서운 강둑에 가 닿는다. "젖은 입술"은 무엇을 의미할까. 울음 울어 슬픔에 젖은 입술일 수도 있고 해결할 수 없는 아픔에 젖은 입술일 수도 있다. 어찌됐든 사랑을 꿈꾸었던 화자의 내면에 변화가 생긴다. "더 이상 가뭇없이/ 봄은 오지 않는다"며 아파한다. 사랑도 사람의 일이고 이별도 사람의 일이기에 "굳게 닫힌 속눈썹/ 주렁주렁 울음 매단"다. 사랑이 뜨거웠던 만큼 이별도 깊은 슬픔으로 다가온다. 하지만 이별을 한다고 해서 모든 게 해결되지는 않는다. 불면의 밤을 홀로 무릎 웅크리며 그리움과 떠나보냄 사이를 서성거려야 한다. 그리움으로 붙잡고 싶은 마음에 울고 떠나보내야 하는 이유로 또다시 울어야 한다. 그 울음이 언제까지 지속될지 아무도 모른다. 혼자 견디고 감당해야 한다. 어느 날 "시리도록 푸른 여백/ 아득히 돌아보니/ 그리움은/ 소리 없는 박음질로/ 망부석"이 되어 있는 것을 깨닫는다. 그때까지 얼마나 많이 아파하고 그리워하고 주저앉았을까. 하루는 "이별 한 칸씩 잘라내고/ 발목까지 시린/ 갈매기 울음/ 수평선까지 끌어당"긴다. 그러자 "서릿발같이/ 떠밀려가던 당신 곁/ 아직도 거기 복사꽃 한창"이다. 돌아보면 이별은 아팠지만 사랑했던 그 순간은 아름다웠다. 함께했던 그 시절을 떠올리면 아직도 거기 그곳에는 복사꽃이 한창 만발하고 있다. 설원 깊은 강에 눈발이 휘날리고 감미로운 선율이 흐르는 그곳에서 자꾸 멀어져 가던 당신이 복사꽃 속에서 떠올라 눈물겹게 한다. 미묘한 정서들이 나열되어, 그 보드라운 마음결을 만날 수 있어 행복하다. 다채로운 정서를 만나게 해주는 시의 특질이 여기서 빛을 발하고 있다.

    돌풍에 휘감기는 꽃샘바람
    파리한 연둣빛 그늘 아래
    기다림의 시간을 애무한다

    서럽도록 투명한
    여백의 창가에
    꽃너울에 취한 사색은
    향 짙은 가지 꺾어
    돌돌 말아 세우고

    아롱진 연민 송이는
    회한의 발끝으로
    홀로 떠나보낸다

    가슴속 침묵은
    향긋한 봄내음 담아

그리움 찻잔에 우려내고

황홀히 달려온
감성의 뜨락에
꽃비로 내리는
아릿한 음률 따라

바람같이 걷던
외로움이
추억 베고 누워
달빛 어루만진다.

- 「봄밤」 전문

  이 시에서의 시적 화자는 봄밤에 느끼는 정서를 그림처럼 그려내고 있다. 봄밤은 다른 계절과 달리 봄의 마음이 들썩거려 산야가 온통 수상쩍다. 한낮보다는 밤에 기승을 더 부리는 저 들썩임 때문에 꽃망울은 설렘 가득하다. 꽃빛으로 튀어나오려는 저 무모함 때문에 봄밤은 소란스럽다. 꽃샘바람은 봄밤의 그 설렘을 시샘한 것일까. 꽃샘바람이 불어와 파리한 연둣빛 그늘 아래 몸 웅크린 기다림의 시간이 있다. 봄밤은 그 기다림의 시간을 애무하며 시의 대문을 활짝 열어젖힌다. 봄밤에 심상치 않는 일이 일어날 것만 같다. "꽃너울에 취한 사색은/ 향 짙은 가지 꺾어/ 돌돌 말아 세우고" 있다. 한없이 분명한 봄이 오고 있는 것이다. 봄밤은 이리 아름다운 작당 모의를 하고 있었던 것이다. "아롱진 연민 송이는/ 회한의 발끝으로/ 홀로 떠나보"내고 있다. 봄이라고 무조건 환하고 좋기만 하겠는가. 봄밤까지 오면서 어떤 미련 한 자락과 어떤 연민이 있었을 것이다. 이제는 그 연민을 아쉬움 없이 홀로 떠나보내야 봄을 활짝 열 수 있다. 어정쩡하니 가버린 겨울과 환절기와 망설임에 마음을 두어서는 안 된다. 봄이라는 방향을 향해 확실하게 달려야 한다. 그래도 남아 있는 미련이 있거들랑 침묵으로 다스려야 한다. 가슴속 그 "침묵은/ 향긋한 봄내음 담아/ 그리움 찻잔에 우려내"야 한다. 그리움과 기다림이 커지다 보면 "황홀히 달려온/ 감성의 뜨락에/ 꽃비로 내리는/ 아릿한 음률"을 만날 것이다. 때로는 봄밤에는 마음이 센치해지기도 한다. "바람같이 걷던/ 외로움이/ 추억 베고 누워/ 달빛 어루만"지기도 한다. 봄밤은 결핍과 부재로 마음이 허기지기도 하지만 삼십 촉 알전구 같은 꽃들이 환하게 제 빛깔을 켜놓아 외로움은 금방 사라지고 만다. 꽃샘바람이 파리한 연둣빛 그늘 아래, 기다림의 시간 애무하고, 서럽도록 투명한 여백의 창가, 아롱진 연민은 회한의 발끝으로 떠나가고, 향긋한 봄내음을 그리움의 찻잔에 우려내고, 감성의 뜨락에 꽃비로 내리는 아릿한 음률, 바람처럼 걷던 외로움, 추억 베고 누워 달빛 어루만지고 등의 표현이 눈길을 끈다. 이미지 구현의 진수를 보여주고 있다. 미묘한 감성의 세계를 이처럼 선명한 이미지로 그려낼 수 있다니, 놀랍기만 하다. 시인의 역할이 뭔지, 섬세하게 알려주는 것 같아 기쁘다. 시에서 이미지 구현의 길이 어째서 소중한지를 알게 해주어 행복하다.

등나무 아래는
여름내 열정 담금질하던
늘어진 잎새

싱그런 바람결에
초록빛으로 입맞춤한다

지친 이마엔
맑은 이슬 방울
여명처럼 빛나고

태풍 끝자락에
휘감기는 매지구름
감춰 둔 찬란한 울림들

내달리는
시간의 더께 위에

가녀린 여백의 숨결 다독인다

벤치에 앉아 있는
추억의 조명등엔
퍼즐 맞춘 푸른 메아리

소맷자락에 매달린
조롱박처럼
흔들어대고

교차하는 시울림대에는
수수께끼 같은
그 신비의 속살

마디마디 깨어나는
눈빛 묵언으로
고즈넉이 화답하고 있다.
- 「계절의 길목에서」 전문

 이 시에서의 시적 화자는 계절의 길목에 서서 주위를 둘러보고 있다. 초여름이면 어질어질한 등꽃 향으로 보랏빛이 빛났다. 사방에서 보랏빛 마이크를 들이대며 여름이 오고 있다고 목소리를 높이고 있었다. 등나무 아래가 초여름의 광장이었으며 등꽃 향으로 해 질 녘을 읽고 저녁을 읽곤 했다. 그 향에 취해 초여름은 웃음을 실실 흘리고 다녔다. 그 꽃향이 지고 "등나무 아래는/ 여름내 열정 담금질하던/ 늘어진 잎새"가 있다. 한낮의 땡볕을 건너느라, 열대야를 건너느라 잎새는 축 늘어졌을 것이다. 그 여름이 지나고 "싱그런 바람결에/ 초록빛으로 입맞춤"하는 계절의 길목으로 들어서고 있다. "초록빛으로 입맞춤"하니 다시 생기가 돌 것이다. 한동안 무더위 때문에 "지친 이마엔/ 맑은 이슬 방울/ 여명처럼 빛나"고 있다. 뭔가 새로운 일과 즐거운 일이 다가올 것만 같은 느낌이다. 길목은 일이나 시기가 바뀌는 때를 비유적으로 이를 때 쓰는 말이다. 여름이 끝나고 가을로 들어서는 초입에 어떤 설렘과 기대감이 있다. "태풍 끝자락에/ 휘감기는 매지구름/ 감춰 둔 찬란한 울림들"이 있다. 그 찬란한 울림들이 가을을 불러오고 있다. 아니, 가을에는 그 찬란한 울림들이 맘껏 제 심장을 풀어놓으며 가을의 색으로 환해질 것이다. 달아오른 여름의 열기를 견디느라 내달렸던 시간의 더께, 그 위로 가녀린 여백의 숨결 다독이고 있다. '여백의 숨결'에서 어떤 여유가 느껴진다. 계절도 공중도 사람도 여백이 있어야 한다. 여백이 있어야 타인이 들어설 수 있고, 여백이 있어야 붉게 물드는 색의 향연을 펼칠 수 있고, 여백이 있어야 공중은 새와 구름을 품을 수 있다. 시적 화자는 등나무 아래 "벤치에 앉아 있는/ 추억의 조명등엔/ 퍼즐 맞춘 푸른 메아리"가 들린다. 친구들과 혹은 연인과 깔깔깔 웃으며 추억을 쌓고 시간의 퍼즐 맞춘 푸른 메아리가 들리는 듯하다. 푸른 메아리에서 행복했던 한 시절이 엿보인다. 그 메아리는 화자의 가슴을 흔들어대며 그리움을 불러오고 있다. 눈을 감으면 손에 잡힐 듯한 그 시절이 아직도 환하다. 어쩌면 우리는 추억의 힘으로 살아간지도 모른다. 마음이 힘들 때는 그 추억 속으로 들어가 위로를 받고 용기를 얻는다. 그러기에 아름다운 추억이 많은 사람은 그만큼 행복하다. 여기서 다시 시적 화자는 시심 속으로 빨려들어 간다. "교차하는 시울림대에는/ 수수께끼 같은/ 그 신비의 속살"이 있다. 언제 어디서나 시심을 챙기는 화자의 자세가 아름답다. 그 자세가 멋진 시인으로 성장시켜 줄 것이다. 시는 꾸준함과 성실함의 열매이다. 그 시심 속에서 "마디마디 깨어나는/ 눈빛 묵언으로/ 고즈넉이 화답하고 있다" 멋진 시가 곧 탄생될 것 같은 기분 좋은 느낌이 있다. 여름내 열정 담금질하던 잎새, 초록빛으로 입맞춤하고, 이슬 방울은 여명처럼 빛나고, 퍼즐 맞춘 푸른 메아리, 눈빛 묵언으로 화답하고 등의 표현이 눈길을 끈다. 시적 형상화 솜씨가 뛰어나고, 표현 하나 하나 신선하고 새롭다. 시어들의 배치가 단아한 세련미를 보여주어, 독자의 미소를 자아내게 하고 있다.

    바람 씻어
    고요히 명상하는
    푸른 등걸

    내어달리는 가슴
    하얀 소금꽃으로 서 있다

    기슭 안고 돌아누운
    수평선 저 너머

    웅크린 추억의 감성
    너울너울

    까마득히 열리는
    소라의 촉수

    시작도 끝도 없이 밀려드는
    윤슬의 그림자

    옷고름 풀어헤친 파도자락에
    드러눕는다

    고백의 향으로

줄줄이 피어나는 연민 송이

저리 붉어진 노을빛 눈시울
조개껍데기 속에 감추고

가녀린 허리춤
달빛 속살에 돌돌 말아

침묵의 여정이
오롯한 한 생의 그리움 되어 떠 있다.
―「등대.2」 전문

 이 시에서의 시적 화자는 바닷가에 서 있는 등대를 묘사하고 있다. 등대를 시적 화자는 "바람 씻어/ 고요히 명상하는/ 푸른 등걸"이라고 말하고 있다. '고요히 명상하는' 등대라니, 멋진 착상이다. 환한 빛 한 줄기를 화두 삼아 명상하고 있단다. 무엇을 마음 중심에 두고 명상하고 있는 것일까. 시의 마지막에 이런 표현이 있다. "침묵의 여정이/ 오롯한 한 생의 그리움 되어 떠 있다"고 한다. 마음의 중심에 두었던 말은 그리움인 것이다. 어린 시절에는 꿈에 대한 그리움이 있고 청춘 시절에는 사랑에 대한 그리움이 있고 나이가 들어서는 떠나버린 첫사랑과 젊음에 대한 그리움이 있다. 시적 화자의 마음이 등대에 빗대어 "내어달리는 가슴/ 하얀 소금꽃으로 서 있"는 것이다. 세월이 지나 생의 뒤안길을 돌아보니 "가슴 안고 돌아누운/ 수평선 저 너머"로 "웅크린 추억의 감성/ 너울너울"거리고 있다. 한때는 수평선처럼 끝없이 푸르고 넓은 세상에서 자신의 꿈을 펼치기 위해 열정을 불태우고 사랑을 꽃피웠을 것이다. 그 추억이 지금은 아스라이 펼쳐지면서 너울거리고 있다. 추억에 잠기면 "시작도 끝도 없이 밀려드는/ 윤슬의 그림자"처럼 환한 그리움이 밀려든다. 그 그리움들이 "옷고름 풀어헤친 파도자락에/ 드러" 누우면 "고백의 향으로/ 줄줄이 피어나는 연민 송이"가 보이는 듯하다. 그 연민은 무엇일까. 쉽게 가버린 청춘에 대한 연민일까, 떠나보낸 첫사랑에 대한 연민일까, 어떤 열정에 대한 아쉬운 연민일까. 그 연민이 무엇인지 정확히 알 수는 없지만 연민 때문에 "저리 붉어진 노을빛 눈시울/ 조개껍데기 속에 감추고" 있다. 애잔한 느낌이 든다. 다시 등대는 자신의 자리를 지킨다. 달빛 속살에 가녀린 허리춤을 돌돌 말아먼 바다를 응시하고 있다. 밤길을 걷는 "침묵의 여정이/ 오롯한 한 생의 그리움 되어" 등대는 오늘도 그 자리에 서 있다. 바람 씻어 고요히 명상하는 푸른 등걸, 메타포 처리로 자리한 등대가 가슴속 하얀 소금꽃으로 서 있고, 소라의 촉수와 윤슬의 그림자는 파도자락에 드러눕고,

고백의 향으로 피어나는 연민, 노을빛 눈시울은 조개껍데기 속에 감추고, 가녀린 허리춤은 달빛 속살에 돌돌 말아두고, 한 생의 그리움 된 침묵의 여정 등의 표현들이 마음에 와닿는다. 독자의 마음이 다가와 안기도록 유인하는 듯한 시적 형상화가 돋보인다. 시의 정경, 시의 의미, 시의 이미지, 시의 표현기법, 시의 새로운 해석 등이 한데 어우러져, 이렇듯 시의 멋스러움을 창출하는 것 같다.

    지문이 닳도록
    맨발로
    혼자 걷는다

    머문 그 자리가 편해도
    굽히지 않고
    밤마다 눈물 슬어가며

    차츰 차츰
    어둠 밀어 올리며
    그리움 업고 새벽을 달린다

    점점 멀어져 간
    벽의 난간에
    손바닥치는 서늘진 가슴

땡볕에 맑은 몸
까맣게 부서질까 봐
간질대는 바람

한 음절 쉼표로도
멈출 수 없는
숨찬 한 생의 끄트머리까지

먼 하늘
별빛 타고 온 목마름으로
기어오른 키 낮은 숨결

절절한
푸르디푸른
저 함성.

  - 「담쟁이넝쿨」 전문

　이 시에서의 시적 화자는 담쟁이넝쿨에 대해 세밀히 관찰하고 있다. 시적 화자는 어떤 목표를 향해 자신의 지문이 닳아지도록 맨발로 홀로 걷는다. "머문 그 자리가 편해도/ 굽히지 않고/ 밤마다 눈물 슬어가며" 뚜벅뚜벅 걷는다. 머문 그 자리가 편하면 현실에 안주하기 쉬운데 화자는 안주하지 않고 자신의 미래를 향해 다시 길을 떠난다. 목표가 분명한 저 푸른 뒷모습이 멋지다. 내일로 가는 걸음이 쉽지만은 않을 텐데 어떤 희망과 신념이 저렇게 멋진 불굴의 자세를 만들었을까. 담쟁이 뿌리에 어떤 의지가 깃들었던 것일까. 소위 말하는 귀차니즘도 들어설 수 없고 무사안일주의도 들어설 수 없는 저 삶의 자세가 멋지다. 담쟁이의 발을 딛고 있는 공간은 수평의 공간이 아니다. 험하고 벅찬 수직의 공간인 벽이다. 서 있는 것만으로도 버거울 텐데 내일을 향해 다시 한 걸음 한 걸음 발을 뗀다. "차츰 차츰/ 어둠 밀어 올리며/ 그리움 업고 새벽을 달린다" 담쟁이는 자신의 몸을 받쳐 줄 등뼈 같은 밑동도 없다. 자신에게 없는 그 무엇을 원망하고 하소연할 법도 한데 숙명이라 여기고 자신의 운명을 적극적으로 개척하며 살아간다. 우리는 언제 담쟁이처럼 자신의 운명을 받아들이며 적극적으로 나아간 적이 있었나, 문득 그런 질문을 스스로에게 던져 본다. 내일로 나아가려는 의지가 있다고 해서 모든 일이 순조롭게 풀리지는 않는다. "점점 멀어져 간/ 벽의 난간에/ 손바닥치는 서늘진 가슴"으로 놀란 적이 어디 한두 번일까. 그럼에도 불구하고 또 긍정의 자세로 한 걸음 나아간다. 그것이 중요하다. 인생은 한 끗 차이다. 그럼에도 불구하고 나아가느냐, 그렇기 때문에 주저앉느냐, 그 선택의 한 끗이 삶을 결정한다. 삶은 끝까지 살아봐야 그 삶을 평가할 수 있다. "한 음절 쉼표로도/

멈출 수 없는/ 숨찬 한 생의 끄트머리까지" 밀고 나가야 한다. 시적 화자의 자세가 멋지다. 나태하지 않고 망설이지 않고 내일로 뚜벅뚜벅 나아가는 저 자세. "절절한/ 푸르디푸른/ 저 함성"이 화자의 목소리이며 생의 표정인 것이다. 지문이 닳도록 맨발로 걷는, 밤마다 눈물 슬어가며 걷는, 숨찬 한 생의 끄트머리까지, 벽의 난간에 손바닥치는 가슴, 별빛 타고 온 목마름, 키 낮은 숨결, 절절하고 푸르디푸른 함성 등의 표현이 마음을 사로잡는다. 이 시 역시 이미지 구현이 선명해서 좋다. 마치 이미지 달인처럼 여겨질 정도로 이미지로 시적 형상화의 탑을 쌓아간다. 매 연마다 이미지 구현의 솜씨, 그 효용성이 고개를 끄덕이게 한다. 시인에게 시 창작에 어째서 이미지 구현이 생명인지를 모범 사례로 보여주고 있는 듯해 행복하다.

긴 염원 피워 물고
일어나 앉는다

검푸른 커튼 거두고
회전목마처럼 달려온 어깨 위로
쏟아진 눈시울이 붉디붉다

무릎과 무릎 사이로

쓰러졌다 다시 일어서는
수천의 노오란 음표들

몸 푸는 햇살 안고
차가운 여백 위로 아슴아슴 걷는다

그림자 밟고
겹겹이 숨어 있는 꽃잎들

보일 듯 말 듯
버리고 갈 수 없어
굽이굽이 떨리는 발자욱

하얗게 타는 입술로
맴돌다 여는 아침.

─「4월, 꽃 진 자리」 전문

 이 시에서의 시적 화자는 4월 꽃 진 자리에서 사색에 잠긴다. 이 시는 4·16세월호참사에 대한 시다. 그때 일을 떠올리기만 해도 가슴이 먹먹해진다. 지금도 진상 규명이 제대로 되지 않아서 속상하다. 시적 화자는 "긴 염원 피워 물고/ 일어나 앉는다" 얼마나 더 목소리를 높여야 그날의 죽음이 왜 일어났는지 알 수 있나. 누구에게

따져 물어야 하나. "검푸른 커튼 거두고/ 회전목마처럼 달려온 어깨 위로/ 쏟아진 눈시울이 붉디붉다" 그 붉디붉은 눈시울이 이제는 아픔을 거두고 맑아졌으면 좋겠는데 언제까지 아파하고 분노하며 절망해야 하는지 알 수가 없다. 세상이라는 바다에 눈을 뜨며 수학여행을 떠났던 학생들의 꿈과 열정은 어디에 있단 말인가. 살아있는 우리 모두가 다시 일어나야 한다. "무릎과 무릎 사이로/ 쓰러졌다 다시 일어서는/ 수천의 노오란 음표들"이 더이상 슬퍼하지 않도록 기억하고 소환하며 목소리를 높여야 한다. 진상 규명이 될 때까지 세월호를 오늘의 자리에 다시 앉혀야 한다. 시적 화자는 "몸 푸는 햇살 안고/ 차가운 여백 위로 아슴아슴 걷"고 있다. 따스한 여백, 온기가 도는 여백, 웃음이 자라는 여백이 아니라 차가운 여백이란다. 아프고 쓰리다. 4·16 그날을 생각하면 도대체가 이해가 되지 않기에 "그림자 밟고/ 겹겹이 숨어 있는 꽃잎들"만 지고 있어 슬프다. 2014년 4월 16일 세월호 참사가 일어나고 한 해 두 해가 흐르고 어느덧 십 년이 흘렀다. "보일 듯 말 듯/ 버리고 갈 수 없어/ 굽이굽이 떨리는 발자욱"이 자꾸만 눈에 밟힌다. 우리의 가슴도 이리 먹먹한데 세월호참사로 가족을 잃은 그분들의 가슴은 얼마나 아플까. "하얗게 타는 입술로/ 맴돌다 여는 아침"이 오늘 또 오고 있다. 더 이상 4월의 꽃 진 자리가 슬프지 않도록 마음을 모아야 한다.

　무릎과 무릎 사이로 일어서는 노란 음표들, 몸 푸는 햇살 안고 차가운 여백 위로 걷고, 겹겹 숨어 있는 꽃잎들, 굽이굽이 떨리는 발자욱들, 하얗게 타는 입술로 맴돌다 여는 아침이 시적 화자 주위로 몰려든다. 아프고 슬프지만 그 소리, 그 모습, 그 감성을 감지해내는 시적 화자. 그 어떠한 감성 자락도 놓치지 않고, 이미지로 그려내는 시다.

　아메리카 쪽에서는 시의 이미지를 매우 중요시한다. 시는 이미지리다. 이렇게 단정할 정도로, 시에서의 이미지 구현을 최우선으로 꼽는다. 사실 시는 주제 노출할수록 시의 특질에서 점점 더 멀어진다. 시는 말하고자 하는 의미를 건들지 않고 에둘러 표현할수록 감칠맛이 있다. 주제를 건들지 않고 이미지로 그림을 그려 감성에 호소하는 장르가 바로 시이다. 따라서 시는 머리의 장르가 아니라, 가슴의 장르이다. 가슴을 감동시키고 전율케 해야 시는 빛을 발하게 된다. 뿐만 아니라, 시적 형상화는 새로운 해석을 내놓아야 한다. 사물과 사색과 의미를 새롭게 해석해 놓아야, 신선미가 있다. 기시감에서 벗어나 감탄을 자아내는 새로운 해석과 착상이 함께할 때, 시는 독자를 행복하게 해줄 수 있다. 그러면서 그

안에 감동의 전율까지, 매끄러운 리듬까지 보탤 수 있다면, 더욱 더 완성도 높은 시가 될 것이다. 김영자 시인의 시들은 이러한 시의 특질을 고루 구비하고 있어서, 한층 돋보인다.

앞으로, 제2, 제3시집도 이미지 구현과 낯설게 하기와 감동의 전율을 함께 이끌어 가는 시 창작들로 채워, 독자의 눈길을 잡아끌고, 독자의 가슴을 울리는 시집을 펴내기를 바란다. 중단 없이 여생 내내 줄기찬 시 창작의 열정을 쏟아내기를 기도한다.

- 짙푸른 초록이 온 세상을 활기차게 만드는 초여름에
〈전북대학교 문학박사, 전 전남대학교 교수,
한실문예창작(12개 문학회) 지도 교수 박덕은,
광주시민사회단체(523개)총연합회 대표회장, 대한시문학협회 회장,
신춘문예 당선(중앙일보, 전남일보, 새한일보, 문화앤피플),
위대한 대한민국 국민 대상 수상, 대한민국유명작가전 초대작가,
대한민국문화예술인총연합회 추천작가, 대한민국예술대전 대상 수상,
시집 총 30권 발간, 총 저서 132권 발간〉